O cuidado necessário

Dados Internacionais de Catalogação na Publicação (CIP)
(Câmara Brasileira do Livro, SP, Brasil)

Boff, Leonardo, 1938-
  O cuidado necessário : na vida, na saúde, na educação, na ecologia, na ética e na espiritualidade / Leonardo Boff. 2. ed. – Petrópolis, RJ : Vozes, 2013.

  Bibliografia
  ISBN 978-85-326-4388-9

  1. Comportamento de ajuda 2. Cuidados 3. Espiritualidade 4. Ética I. Título.

12.05722   CDD-177.7

Índices para catálogo sistemático:
1. Cuidado : Ética   177.7

Leonardo Boff

O cuidado necessário

Na vida, na saúde, na educação, na ecologia, na ética e na espiritualidade

Petrópolis

© by Animus/Anima Produções Ltda.
Caixa Postal 92.144 – Itaipava
25741-970 Petrópolis, RJ
www.leonardoboff.com

Direitos de publicação em língua portuguesa:
2012, Editora Vozes Ltda.
Rua Frei Luís, 100
25689-900 Petrópolis, RJ
Internet: http://www.vozes.com.br
Brasil

Assessoria Jurídica e Agenciamento Literário:
Cristiano Monteiro de Miranda
(21) 9385-5335
cristianomiranda@leonardoboff.com

Todos os direitos reservados. Nenhuma parte desta obra poderá ser reproduzida ou transmitida por qualquer forma e/ou quaisquer meios (eletrônico ou mecânico, incluindo fotocópia e gravação) ou arquivada em qualquer sistema ou banco de dados sem permissão escrita da editora.

Diretor editorial
Frei Antônio Moser

Editores
Aline dos Santos Carneiro
José Maria da Silva
Lídio Peretti
Marilac Loraine Oleniki

Secretário executivo
João Batista Kreuch

Editoração: Maria da Conceição B. de Sousa
Projeto gráfico: Sheilandre Desenv. Gráfico
Capa: Adriana Miranda

ISBN 978-85-326-4388-9

Editado conforme o novo acordo ortográfico.

Este livro foi composto e impresso pela Editora Vozes Ltda.
Rua Frei Luís, 100 – Petrópolis, RJ – Brasil – CEP 25689-900
Caixa Postal 90023 – Tel.: (24) 2233-9000
Fax: (24) 2231-4676

Dedicatória

Àqueles que nas minhas tribulações cuidaram de mim:

Dra. Maria Inez Padula

Dr. Ricardo Donato

Dr. Renato Villela

Dr. Rolf Kreuzig

Dr. Eduardo Loureiro

Márcia Monteiro de Miranda

Enfermeiro Hervé

Sumário

Introdução, 9

1 O cuidado: a construção do conceito, 17

2 O cuidado no processo evolucionário, 40

3 Fundamentação filosófico-antropológica do cuidado, 47

4 O paradigma do cuidado: novo modo de habitar a Terra, 66

5 Para uma ética do cuidado necessário, 113

6 Cuidar de si mesmo, dos outros, da Terra, 137

7 Cuidar do próprio corpo e dos corpos dos outros, 157

8 Cuidar da própria psique e da psique dos outros, 171

9 Cuidar do próprio espírito e o dos outros, 185

10 O cuidado na medicina e na enfermagem, 202

11   O cuidado e a educação na era planetária, 238

Conclusão – Uma utopia necessária, 269

Referências essenciais, 273

Índice, 283

Livros de Leonardo Boff, 289

Introdução

É de bom-tom falar de sustentabilidade. Ela serve de etiqueta de garantia de que a empresa, ao produzir, está respeitando o meio ambiente. Atrás desta palavra se escondem algumas verdades, mas também muitos engodos. De modo geral ela é usada como adjetivo e não como substantivo.

Explico-me: como *adjetivo,* a expressão sustentabilidade é agregada a qualquer coisa sem mudar a natureza desta. Posso diminuir a poluição química de uma fábrica colocando filtros melhores em suas chaminés que expelem gases. Mas a maneira pela qual a empresa se relaciona com a natureza, de onde extrai os materiais para a produção, não muda; ela continua devastando; os lucros têm que ser garantidos e a competição não pode perder força. Portanto, a sustentabilidade é apenas adjetiva, de acomodação, e não substantiva, de mudança.

Sustentabilidade como substantivo exige uma mudança de relação para com o sistema-natureza, sistema-vida e o sistema-Terra. A primeira mudança começa com outra visão da realidade. A Terra está viva e nós somos sua porção consciente e inteligente. Não estamos fora e em cima dela, mas participando da rede de relações que envolve todos os seres, para o bem e para o mal. Se poluo o ar, acabo adoecendo e afetando todos os demais seres vivos. Se recupero a mata ciliar do rio que passa em meu terreno, preservo as águas, colaboro para com o aumento de seu volume e melhoro minha qualidade de vida, dos pássaros e dos insetos que polinizam as ávores frutíferas e as flores do jardim.

Sustentabilidade como substantivo acontece quando nos fazemos responsáveis pela preservação da vitalidade e da integridade dos ecossistemas e cuidadores da Casa Comum. Devido à abusiva exploração de seus bens e serviços, tocamos nos limites da Terra. Ela não consegue, na ordem de 30%, recompor o que lhe foi tirado e roubado. A Terra está ficando cada vez mais pobre de florestas, de águas, de solos férteis, de ar limpo, de biodiversidade. E o que é mais grave: mais empobrecida de gente com solidariedade, com compaixão, com respeito, com cuidado e com amor entre todos. Quando isso vai parar?

A sustentabilidade como substantivo será alcançada no dia em que mudarmos nossa maneira de produzir e de distribuir, de consumir e de tratar os dejetos, de habitar a Terra, nossa Grande Mãe. Nosso sistema de vida está morrendo, sem capacidade de resolver os problemas que criou. Pior, ele está nos matando e ameaçando todo o sistema de vida.

Temos que reinventar um novo modo de estar no mundo com os outros, com a natureza, com a Terra e com a Última Realidade. Aprender a ser mais com menos e a satisfazer nossas necessidades com sentido de solidariedade para com os milhões que passam fome e com o futuro de nossos filhos e netos. Ou mudamos ou vamos ao encontro de previsíveis tragédias ecológicas e humanitárias.

Quando os poderosos deste mundo, aqueles que controlam as finanças e os destinos dos povos, se reúnem, não é para discutir o futuro da vida humana e a preservação da Terra. Esta pode viver sem nós, como viveu por bilhões de anos. Nós não podemos viver sem ela. Eles se encontram para tratar de dinheiro, de como salvar o sistema financeiro e especulativo, de como garantir as taxas de juros e os lucros dos bancos. Se falam de aquecimento global e de mudanças climáticas é, quase sempre, nesta ótica: quanto posso perder com estes fenômenos? Ou então, como posso ganhar comprando ou vendendo bônus de carbono? (compro de outros países licença para continuar a poluir). A sustentabilidade de que falam não é adjetiva nem substantiva. É pura retórica.

Não nos iludamos: as empresas, em sua grande maioria, só assumem a responsabilidade socioambiental na medida em que os ganhos não sejam prejudicados e a competição não seja diminuída. Portanto, nada de mudanças de rumo, de relação diferente para com a natureza, nada de valores éticos e espirituais. Não há, portanto, sustentabilidade como substantivo.

A própria ideia de desenvolvimento que se mede por critérios econômicos, incluindo aqui e acolá alguns itens de desenvolvimento humano, está, no fundo, ultrapassada. Não são poucos os que comungam desta visão: não se trata mais de pensar em desenvolvimento alternativo, mas em alternativas para o desenvolvimento. E estas têm que passar por uma revolução paradigmática, caso queiramos sobreviver e salvar nosso ensaio civilizatório. Ou então enfrentar o pior.

O que dissemos da sustentabilidde vale também para o cuidado necessário. A Terra é viva e se mexe. Por sua natureza, conhece terremotos, tsunamis, vendavais, deslizamentos de encostas, secas e enchentes. Se tivéssemos tido cuidado, nunca iríamos construir usinas nucleares junto ao mar e perto de placas tectônicas que podem produzir terremotos e tsunamis. Se tivéssemos tido cuidado e escutado as mensagens da natureza, nunca teríamos construído casas nas encostas dos morros das cidades serranas do Rio de Janeiro, pois é de sua natureza deslizarem quando há grandes chuvas.

A responsável não é a natureza. Ela é o que é com seus ritmos próprios. Se responsabilidade houver, esta é nossa, que não temos cuidado para saber onde morar, onde construir nossas estradas, onde colocar nossas indústrias. Com cuidado teríamos evitado grandes catástrofes e poupado muitas vidas humanas.

É neste contexto que entrego aos leitores e leitoras este livro: *O cuidado necessário*. Ele prolonga e aprofunda o anterior: *Saber cuidar*. Sem o cuidado essencial não se alcançará a sustentabilidade-substantivo nos vários âmbitos da realidade.

Cuidado e sustentabilidade caminham juntos, amparando-se mutuamente. Se não houver cuidado, dificilmente se alcancará uma sustentabilidade que se mantém a médio e a logo prazos. São as duas pilastras básicas, não as únicas, que vão sustentar uma necessária transformação de nosso estar na Terra.

Sustentabilidade e cuidado, por sua vez, não se consolidam se não virem acompanhados de uma revolução espiritual. Precisamos nos convencer, contra os céticos e os secularistas, de que a espiritualidade não é monopólio das religiões. Para ser espiritual não precisamos necessariamente estar filiados a uma confissão religiosa ou ir rezar em uma igreja.

Ser espiritual é despertar a dimensão mais profunda que está em nós, que nos torna sensíveis à solidariedade, à cooperação, à compaixão, à fraternidade universal, à justiça para com todos, à veneração e ao amor incondicional. E controlar seus contrários.

A espiritualidade nos tira da solidão, perdidos no mundo e sem raízes, sem saber a quem pertencemos nem para onde vamos. A espiritualidade nos re-reconecta com todas as coisas, abre-nos à experiência de pertença ao Grande Todo, fortalece-nos na esperança de que o sentido é mais forte do que o absurdo e que a luz tem mais direito do que as trevas.

A espiritualidade nos faz descobrir que as coisas não estão jogadas de qualquer jeito por aí, mas que há um elo misterioso que as une e re-úne, liga e re-liga, fazendo que o cosmos predomine sobre o caos e que do caos sempre se podem elaborar ordens novas.

Enfim, a espiritualidade nos permite entrar em comunhão com aquela Fonte Originária e Amorosa de onde todos os seres procedem, entrar em diálogo com ela, chorar diante dela pelas tragédias da realidade e nos alegrar e agradecer pela *grandeur* da criação, pela beleza da vida e pela felicidade do amor.

Nenhuma mudança de paradigma ocorreu na história que não fosse acompanhada pela irrupção de uma nova experiência do Ser e de uma nova forma de vivenciar e de nomear Deus. E agora não será diferente. Sem a aura da espiritualidade não há ética, nem sustentabilidade, nem cuidado que se sustentem por muito tempo.

Nosso livro enfatizará este momento da espiritualidade, não porque seu autor, originariamente, vem da teologia, mas porque, como ser humano, dá conta em si mesmo, nos outros e na consideração do percurso da história, da urgência e da necessidade de cuidarmos de tudo, de todas as coisas, da vida e da Terra, mas principalmente de nossa espiritualidade. Sem essa água cristalina a semente não germina e a mais bela flor fenece.

Conta uma fábula antiga que a essência do humano reside no cuidado e uma divindade cuida de cada um de nós. De mais a mais, todos somos filhos e filhas do infinito cuidado que nossas mães tiveram ao nos gerar e ao nos acolher neste mundo. E será o simples e essencial cuidado que ainda vai salvar a vida, proteger a Terra e nos fazer singelamente humanos.

LB

Petrópolis, Páscoa de 2012.

1
O cuidado: a construção do conceito

O tema do cuidado se apresenta como epocal, dada a situação crítica pela qual passa a humanidade e a Terra. A crise de nosso tempo possui uma singularidade que não era dada nas crises paradigmáticas anteriores. Nestas se pressupunha a integridade do planeta Terra e a subsistência da vida humana como algo garantido e evidente em si mesmo. Na atual, não se pode mais sustentar semelhante pressuposição. A espécie humana pode desaparecer e a Terra ficar gravemente ferida.

1.1 A urgência do cuidado

Está em curso uma sistemática de agressão à natureza que já começou nos albores da Modernidade no século XVII e que se acelerou enormemente nas últimas décadas devido às novas tecnologias. Elas representam ameaças aterradoras ao futuro da vida e à sobrevivência da civilização humana (Wilson. *O futuro da vida.* • Lovelock. *Gaia: alerta final.* • Monod. *Et si l'aventure humaine devait échouer?*).

A consciência de um princípio de autodestruição irrompeu pela primeira vez, quando ocorreu o maior atentado terrorista da história, por ocasião do lançamento de duas bombas atômicas sobre Hiroshima e Nagasaki, em agosto de 1945, pelas forças militares estado-unidenses. A consciência coletiva se deu conta de que a partir de então nos assenhoreamos de nossa própria morte. No testemunho do eminente historidador Arnold Toynbee, em sua autobiografia: "vivi para ver o fim da história humana tornar-se uma possibilidade real que pode ser traduzida em fato não por um ato de Deus, mas do homem" (1970: 422).

Esta situação é singular e reclama uma séria reflexão de todos, especialmente dos que se dedicam à análise ecológica do planeta como um todo e que buscam as causalidades radicais dessa situação. Como evitar uma possível catástrofe ecológica e humanitária?

A *Carta da Terra*, documento nascido da sociedade civil mundial, fruto de uma vasta consulta de mais quarenta países, vinda de baixo, de todos os setores da sociedade, das culturas, das religiões, das ciências e centros de pesquisa, que durou oito anos (1992-2000), sendo assumida em 2003 pela Unesco, diz em seu preâmbulo: "ou fazemos uma aliança global para cuidar uns dos outros e da Terra ou correremos o risco de nossa autodestruição e da devastação da diversidade da vida".

A categoria cuidado é aqui evocada como o eixo estruturador de uma nova relação para com a natureza (Boff. *Opção Terra.* • Boff. *Cuidar da Terra, proteger a vida*). Ou cuidamos da vida em todas as suas formas, especialmente da vida humana, e de nossa Casa Comum, a Terra, ou podemos pôr em risco a nossa presença neste planeta.

Não creio que garantiremos um futuro de esperança apenas com medidas da política e da tecnociência, sempre controladas por poderosos interesses econômicos que não desejam qualquer mudança, por mais urgente que seja. A preocupação é com o mercado e os ganhos, e não com a vida e a Terra. Essas medidas, quando tomadas, são simplesmente "mais do mesmo". No entanto, podem ser úteis e necessárias, mas dentro de outra visão de mundo e no quadro de um novo paradigma de convivência sobre a Terra (Trigueiro. *Meio ambiente no seculo 21*, p. 245-259. • Löwy. *Ecologia e socialismo*, p. 67-78).

A causa da crise não pode conter a sua solução. Somente uma coalizão de forças ao redor de alguns valores imprescindíveis nos poderá garantir um horizonte com futuro. Dois valores, entre outros, considero axiais, verdadeiras pilastras a sustentar um novo ensaio civilizatório, enunciadas na Introdução: a sustentabilidade e o cuidado.

A *sustentabilidade,* termo extraído do campo da economia, foi introduzido pelo alemão Carl von Carlowitz em

1713 com seu livro escrito em latim *De sylvicultura oeconomica* (2006, p. 152-153). Significa o uso racional dos recursos escassos da Terra, sem prejuízo do capital natural, mantido em condições de sua reprodução e de sua coevolução, considerando ainda as gerações futuras que também têm direito a um planeta habitável.

Trata-se de uma diligência que envolve um tipo de economia respeitadora dos limites de cada ecossistema e da própria Terra, uma sociedade que busca a equidade e a justiça social mundial e um meio ambiente suficientemente preservado que possa atender às demandas humanas atuais e futuras (Mazur e Miles. *Conversas com os mestres da sustentabilidade*).

Como se pode inferir, a sustentabilidadae alcança a sociedade, a política, a cultura, a arte, a natureza, o planeta e a vida de cada pessoa. Fundamentalmente importa garantir as condições físico-químicas e ecológicas que sustentam a produção e a reprodução da vida e da civilização em todas as suas instâncias (Arruda e Quelhas. *Sustentabilidade*, p. 53-63).

A outra categoria, tão importante quanto a sustentabilidade, é *o cuidado*, objeto de nosso estudo. Ele representa uma relação amorosa, respeitosa e não agressiva para com a realidade e, por isso, não destrutiva. Ela pressupõe que os seres humanos são parte da natureza e membros da comunidade biótica e cósmica com a responsabilidade de protegê-la, regenerá-la e dela cuidar. Mais que uma técnica, o cuidado é uma arte, um paradigma novo de relacionamento para com a natureza, para com a Terra e para com os seres humanos (Boff. *Ethos mundial*, p. 129-162. • Waldow. *Cuidar, expressão humanizadora da enfermagem*).

Se a sustentabilidade representa o lado objetivo, ambiental, econômico e social da gestão dos bens naturais e de sua distribuição, o cuidado denota seu lado subjetivo, as atitudes, os valores éticos e espirituais que acompanham todo esse processo, sem os quais a própria sustentabilidade não se realiza adequadamente.

Sustentabilidade e cuidado devem ser assumidos conjutamente para impedir que a crise se transforme em tragédia e para conferir eficácia às práticas que visam fundar um novo paradigma de convivência ser-humano-vida-Terra.

A crise atual, com as severas ameaças que globalmente pesam sobre todos, coloca como urgente e impostergável a questão da responsabilidade coletiva dos seres humanos. Mais ainda, torna-se aguda a pergunta pela natureza do ser humano, capaz de devastar e de cuidar; de seu lugar no conjunto dos seres e de sua missão na Terra e no universo (Roselló. *Antropologia do cuidar*). É aqui que, novamente, recorre-se ao cuidado como uma possível definição essencial e prática do ser humano (Leloup. *Uma arte de cuidar*. • Toro. *La educación desde las éticas del cuidado y la compasión*).

1.2 A emergência do cuidado em tempos de crise

O tema do cuidado é recorrente na reflexão cultural nos últimos tempos (Waldow. *Cuidar, expressão humanizadora da enfermagem*. • Waldow. *O cuidado na saúde*. • *Cuidado humano: o resgate necessário*. • Roselló. *Antropologia do cuidar*). Primeiramente ele foi veiculado pela medicina e pela enfermagem, pois representa a ética natural destas atividades (Campos. *Quem cuida do cuidador*. • Arruda e Gonçalves. *A enfermagem e a arte do cuidar*. • Bermejo. *Humanizar a saúde*. • Appleton. "The Meaning of Human Care and the Experience of Caring in a University School of Nursing", p. 77-94. • Watson. *The Philosophy and Science of Caring*). Depois foi assumido pela educação (Antunes e Garroux. *Pedagogia do cuidado*. • Toro. *La educación desde la ética del cuidado y compasión*. • Noddings. "Two concept of caring", p. 202) e feito paradigma por filósofas e teólogas feministas (Noddings. *Caring – A feminine approach to ethics and moral education*. • Leininger. *Culture Care Diversity and University*. • Leininger e Watson. *The Care Imperative in Education*) que veem nele um dado essencial da dimensão da *anima*, presente no homem e na mulher. Produziu e continua produzindo uma acirrada discussão, especialmente nos Estados Unidos, entre a ética de base patriarcal, centrada no tema da justiça, e a ética de base matriarcal, articulada pelo cuidado essencial.

Ganhou força especial na discussão ecológica, constituindo uma peça central da *Carta da Terra* (Boff. *Opção Terra*, p. 181-200). Cuidar do meio ambiente, dos recursos escassos, da natureza e da Terra se tornaram imperativos do novo discurso. Por fim, viu-se o cuidado como essencial na compreensão do ser humano no mundo com os outros (Heidegger. *Ser e tempo*. • Roselló. *Antropologia do cuidar*. • Fry. *A global Agenda for Caring*, p. 113-123. • Mayeroff. *On Caring*. • Roach. *The Human Act of Caring*. • Watson. *The Philosophy and Science of Caring*). Aí surgiu uma brilhante ontologia do cuidado que tem em Martin Heidegger seu principal formulador, prolongando uma tradição que remonta aos gregos, aos romanos e aos primeiros pensadores cristãos, como ainda veremos.

Suas reflexões repercutiram em vários campos, da enfermagem, da educação e da própria filosofia (Winnicott. *Tudo começa em casa*. • Boff. *Opção Terra*. • Griffin. "A Philosophical Analysis of Caring in Nursing" . • Fry. *A Global Agenda for Caring*. • Scudder. "Dependent and Authentic Care").

Constata-se outrossim que a categoria cuidado vem ganhando força sempre que emergem situações críticas. É ele que permite que as crises se transformem em oportunidades de purificação e de crescimento, e não em tragédias fatais.

Florence Nightingale (1820-1910), como referiremos mais adiante, é inspiração seminal para a moderna enfermagem. Em 1854, com 28 colegas, partiu de Londres para um hospital militar na Turquia, onde se travava a Guerra da Crimeia. Os feridos, sem os devidos cuidados, surgiam às dezenas. Imbuída da ideia do cuidado, em seis meses conseguiu reduzir a mortalidade dos feridos de 42% para 2%.

A Primeira Grande Guerra (1914-1918), desencadeada entre países cristãos, destruíra o *glamour* ilusório da Era Vitoriana, com as certezas da cultura dominante, de que a civilização e a prosperidade generalizada haveriam superado de vez a barbárie das guerras, produziu profundo desamparo metafísico. Foi quando Martin Heidegger (1889-1976) escreveu seu genial *Ser e tempo* (1929), cujos parágrafos centrais (39-44) são dedicados ao cuidado como ontologia do ser humano.

Durante a Segunda Guerra Mundial (1939-1945), despontou a figura do pediatra e psicólogo D.W. Winnicott (1896-1971), encarregado pelo governo inglês de acompanhar crianças órfãs ou vítimas dos horrores dos bombardeios nazistas sobre Londres. Desenvolveu toda uma reflexão e uma prática em torno dos conceitos de cuidado (*care*), de preocupação pelo outro (*concern*) e de conjunto de cuidados e apoios a crianças ou a pessoas vulneráveis (*holding*) (Campos. *Quem cuida do cuidador*, p. 75-86), aplicáveis também aos processos de crescimento e de educação.

Em 1972, o Clube de Roma lançou o alarme ecológico sobre o estado doentio da Terra. Identificou a causa principal: nosso padrão de desenvolvimento, consumista, predatório, perdulário e totalmente sem cuidado para com os recursos escassos e a para com a forma como tratamos os dejetos, muitos deles danosos e não assimiláveis pela natureza. Depois de vários encontros organizados pela ONU a partir dos anos 80 do século passado, chegou-se à proposta do um desenvolvimento sustentável, como expressão do cuidado humano pelo meio ambiente, mas visando especialmente o aspecto econômico.

O Programa das Nações Unidas para o Meio Ambiente (Pnuma), o Fundo Mundial para a Natureza (WWF) e a União Internacional para a Conservação da Natureza (Uicn) elaboraram, em 1991, uma estratégia minuciosa para o futuro do planeta sob o signo *Cuidando do planeta Terra* (*Caring for the Earth*). Aí se diz: "A ética do cuidado tanto se aplica em nível internacional como em níveis nacional e individual; nenhuma nação é autossuficiente; todos lucrarão com a sustentabilidade mundial e todos estarão ameaçados se não conseguirmos atingi-la (p. 13).

Em março de 2000, recolhendo esta tradição, termina em Paris, depois de oito anos de trabalho em nível mundial, a redação da *Carta da Terra*. A categoria *cuidado* e *modo sustentável de viver* constituem os dois eixos principais do novo discurso ecológico, ético e espiritual proposto por esse documento (Corcoran e Wohlpart. *A voice for Earth*. • Fry. *A Global Agenda for Caring*). Em 2003, a Unesco assumiu oficialmente a *Carta da Terra* e a apresentou como um substancial instrumento pedagógico para a construção da responsabilidade coletiva da humanidade para com o nosso futuro comum.

Em 2003 os ministros e secretários do meio ambiente dos países da América Latina e do Caribe elaboram notável documento, *Manifesto pela vida, por uma ética da sustentabilidade*, no qual a categoria cuidado é incorporada na ideia de um desenvolvimento que seja efetivamente sustentável e radicalmente humano.

O cuidado faz-se presente também em nível social e pessoal. Ele está especialmente presente nas duas pontas da vida: no nascimento e na morte. A criança sem o cuidado não existe; o moribundo precisa do cuidado para sair decentemente desta vida.

Quando desponta alguma crise num grupo gerando tensões e divisões, é a sabedoria do cuidado o caminho mais adequado para ouvir as partes, favorecer o diálogo e buscar convergências. O cuidado se impõe quando se manifesta em alguém alguma crise de saúde que exige internação hospitalar. Ele é colocado em ação por parte dos médicos, dos enfermeiros e enfermeiras, decidindo sobre os procedimentos a serem feitos e o aparato clínico mais indicado para curar e devolver o paciente à sua família e aos seus afazeres.

O cuidado é exigido em praticamente todas as esferas da existência, desde o cuidado do corpo, dos alimentos, da vida intelectual e espiritual, da condução geral da vida até ao se atravessar uma rua movimentada. Como já observava o poeta romano Horácio, o cuidado é aquela sombra que sempre nos acompanha e nunca nos abandona porque somos feitos a partir dele.

Figuras seminais de cuidado foram Francisco de Assis, Gandhi, Arnold Leopold, Albert Schweitzer, Madre Teresa de Calcutá, Dona Zilda Arns, Dom Helder Camara e Chico Mendes, entre tantos e tantas, a começar pelos mestres das escolas, operadores da saúde como médicos e médicas, enfermeiros e enfermeiras, terminando por nossos pais e mães, avôs e avós. São arquétipos que inspiram o caminho da cura e do salvamento da vida e da proteção da Mãe Terra.

1.3 Em busca de um conceito de cuidado

Talvez a etimologia nos proporcione uma compreensão mais precisa do cuidado (Boff. *Saber cuidar*, p. 90-92). Renunciamos aqui a detalhes de erudição que podem ser encontrados em *Saber cuidar* (p. 89-92), outro livro de nossa autoria.

Cuidado remete à palavra latina *cura* (ou *coera*), usada de forma erudita também em português; *cura* significa exatamente cuidar e tratar, como se pode ler nos dicionários: "Os nossos maiores curavam (cuidavam, se preocupavam) mais de praticar façanhas do que de conservar os monumentos delas" (Alexandre Herculano). Conhecida é a expressão "cura d'almas" para designar o pastor e o padre que cuidam da vida espiritual de uma comunidade ou da direção espiritual de uma pessoa.

Há também a palavra *curador*, que é a pessoa que zela pelos bens e pelos interesses de alguém que não pode fazê-lo por si mesmo (menores, órfãos e incapacitados). Há o curador de família, de menores, de órfãos, de massas falidas ou o curador de uma bienal de livros ou de um festival. Trata-se sempre de uma pessoa que cuida e zela pelos interesses e pelos direitos de pessoas ou que se responsabiliza pela montagem e pelo bom fluir de um evento.

O cuidado não se esgota num ato que começa e acaba em si mesmo. É uma atitude, fonte permanente de atos, atitude que se deriva da natureza do ser humano. Duas significações são preponderantes no cuidado enquanto atitude:

A primeira designa o desvelo, a solicitude, a atenção, a diligência e o zelo que se devota a uma pessoa ou a um grupo ou a algum objeto de estimação. O cuidado mostra que o outro tem importância porque se sente envolvido com sua vida e com o seu destino.

O segundo sentido deriva do primeiro. Por causa deste envolvimento afetivo, o cuidado passa a significar: a preocupação, a inquietação, a perturbação e até o sobressalto pela pessoa amada ou com a qual se está ligado por laços de parentesco, amizade, proximidade, afeto e amor. O cuidado faz do outro uma realidade preciosa como, por exemplo, nossos filhos e filhas e nossos enfermos.

Efetivamente nos perturbamos e nos inquietamos por sinistros acontecidos em nossa casa, cidade, país, ecossistema e planeta. Tais coisas nos tiram o sono. Um dito antigo reza: "Quem tem cuidados não dorme". Se não nos inquietássemos, não amaríamos, e viveríamos na indiferença e até na completa incúria e negligência.

O cuidado também estabelece um sentimento de mútua pertença: participamos, satisfeitos, dos sucessos e vitórias, bem como das lutas, riscos e destino das pessoas que nos são caras. Cuidar e ser cuidado são duas demandas fundamentais de nossa existência pessoal e social.

Neste contexto vale acolher um terceiro sentido de cuidado elaborado pelo pediatra e pensador inglês: W.D. Winnicott, com sua teoria de base, do *holding*, que se traduz pelo conjunto de dispositivos de apoio, sustentação e proteção sem os quais o ser humano não vive. É da essência humana, diz esse autor, a *care* (o cuidado), que se expressa nestes dois movimentos indissociáveis: a vontade de cuidar e a necessidade de ser cuidado. Isso é patente na relação mãe/bebê. Este precisa de cuidado sem o qual não vive e subsiste. E a mãe sente vontade e tem a predisposição de cuidar.

Esta relação indissociável entre cuidar e ser cuidado nos acompanha ao longo de toda vida, por causa da condição humana, sempre exposta a riscos, sempre vulnerável e sempre mortal; por isso, sujeita a doenças e, por fim, à morte. O cuidado essencial, como aparecerá nas reflexões filosóficas de Heidegger, é aqui refletido existencialmente e no âmbito da prática cotidiana dos relacionamentos humanos.

Seja como preocupação que demanda proteção e apoios necessários (*holding*), o cuidado pertence à condição humana. A vida nos é dada sem que a mereçamos, nem podemos dispor dela totalmente. O fato de estarmos no mundo e na história, submetidos a tantos fatores imprevisíveis e a situações incontroláveis faz com que o cuidado-preocupação-*holding* nunca deixe de nos acompanhar como uma sombra nem sempre benfazeja. A vida consciente sabe dos riscos e desafios que a cada momento tem que enfrentar. Ela precisa ser construída dia a dia, defendida e garantida em sua sustentabilidade. No fundo, o cuidado como preocupação não nos dá folga nem pausa.

"Tudo e tudo" pode ser objeto de preocupação e demanda seu respectivo aparato de apoio e proteção. A questão não é tanto o cuidado como preocupação, que é inevitável e essência do tipo de ser que somos: no mundo, com outros, expostos a riscos e permanentemente ameaçados pela doença e, no limite, pela morte. A questão essencial é: Como enfrentamos esta situação? Como convivemos com ela? Como a domesticamos e como crescemos com ela em nossa identidade e em nossa humanidade? Que tipo de apoios construímos que não nos dispensam de nossa responsabilidade, mas concretamente a possibilitam?

Todos somos filhos e filhas do cuidado porque biologicamente somos seres carentes (*Mangelwesen*), sem possuir órgão específico que nos garanta, de saída, a sobrevivência. Se ao nascer não tivéssemos sido cuidados por nossas mães e elas não tivessem criado o conjunto de proteções e apoios necessários, em poucas horas teríamos morrido. À diferença dos patinhos, por exemplo, que, biologicamente, nascem bem apetrechados, vão logo nadar, sem se afogar; nós não saltamos do berço e buscamos o próprio alimento. Dependemos dos cuidados de alguém que cuide de nós e supra nossa deficiência.

Mas ainda há um quarto sentido de cuidado, de extrema atualidade, dada a degradação crescente da natureza e das relações sociais: o cuidado como *precaução e prevenção*. Fala-se, então, do princípio de precaução e de prevenção.

Este princípio foi formulado numa reunião realizada em janeiro de 1998 em Wingspread, no Estado de Wisconsin, EUA, com a participação de uma gama significativa de especialistas. Na ocasião foi formulado desta forma o princípio de precaução: "Quando uma atividade representa ameaças de danos ao meio ambiente ou à saúde humana, medidas de precaução devem ser tomadas, mesmo se algumas relações de causa e efeito não forem plenamente estabelecidas cientificamente".

Precaução é cuidado. Em razão disso, é preciso levar em consideração não apenas o risco iminente, mas também os riscos futuros derivados de iniciativas humanas, para as quais a ciência não nos assegure sobre a não ocorrência de danos (Derani. *Direito ambiental econômico*, p. 167). É o caso dos transgênicos, da manipulação do código genético e do uso não cuidadoso da nanotecnologia.

Importa esclarecer melhor o sentido e o âmbito de cada um dos princípios de precaução e de prevenção.

No princípio da *prevenção* sabe-se antecipadamente as consequências desta ou daquela iniciativa, e podem ser demonstradas cientificamente. Portanto, é fácil prevenir os efeitos danosos e se pode evitá-los.

No princípio da *precaução*, ao contrário, previne-se porque não se pode saber quais as consequências e reflexos que determinado ato, empreendimento ou aplicação científica causarão ao meio ambiente, à saúde humana e ao equilíbrio do ecossistema. A ciência não tem condições de fornecer qualquer garantia segura. Então a ação não é permitida.

Nesses casos, o ônus da prova cai sobre os proponentes das ações cujos efeitos podem ser indesejados, e não sobre as vítimas. Mesmo que tais efeitos venham a ocorrer, cabe a tais proponentes minimizar os danos e proceder aos reparos e compensações necessárias.

Damos um exemplo tirado de nossa época. Estabelecemos cuidado para com a Terra, chamando-a de Grande Mãe e Gaia, quando a tratamos como um superorganismo vivo que se autorregula e auto-organiza, respeitando seus ciclos, preservando sua integridade e vitalidade, dando-lhe descanso para que refaça seus nutrientes e resgate o equilíbrio perdido de muitos de seus ecossistemas, utilizando seus bens e serviços com parcimônia, respeitando seus limites e considerando também as gerações futuras. É o cuidado, amigo da vida, urgente para atual fase crítica do sistema-Terra, cuidado como aquela atitude amorosa que nos poderá salvar como espécie e permitir a continuidade de nossa civilização.

Cultivamos também cuidado quando nos preocupamos com a doença do filho hospitalizado, com os seus pequenos fracassos escolares, quando sai à rua e deve atravessá-la num trânsito intenso e veloz, ou quando, à noite, vai à festa de um colega e não sabemos o que lhe pode acontecer ao regressar – assalto, bala perdida, acidente –, como superará as crises, próprias de sua idade. Os pais se enchem de cuidados pelo seu futuro: se entrará na universidade e se encontrará seu caminho profissional. Preocupam-se em relação à família que vai fomar, com sua felicidade ou infelicidade, cuidam das crises que vão enfrentar, suas eventuais enfermidades, travessias difíceis que deverão fazer e, no limite, pelo desfecho de sua vida.

O que não nos deixa preocupados? Estabelecemos estratégias de precaução e de prevenção, cheios de cuidados e de temores pelo aquecimento global, preocupados com a degradação ecológica, com o caos sistêmico na economia, com a instabilidade da paz mundial, com a crescente fome de milhões, com o fosso crescente entre ricos e pobres e até cuidamos, inquietos, com o destino geral dos pobres do mundo, com o destino de nossa civilização e com as ameaças que pesam sobre a biodiversidade e sobre a totalidade do planeta Terra.

Se não cuidarmos vigora a ameaça de nosso desaparecimento como espécie, enquanto a Terra, empobrecida, seguirá, pelos séculos afora, seu curso pelo cosmos, até que, quem sabe, surja um outro ser dotado de alta complexidade, capaz de suportar o espírito e a consciência.

Reunindo os dados acima referidos, ousamos precisar o conceito de cuidado. O primeiro é o seguinte: "Cuidado é uma atitude de relação amorosa, suave, amigável, harmoniosa e protetora para com a realidade, pessoal, social e ambiental".

Metaforicamente podemos dizer que o cuidado é a mão aberta que se estende para a carícia essencial, para o aperto das mãos, os dedos que se entrelaçam com outros para formar uma aliança de cooperação e união de forças.

Ele se opõe à mão fechada e ao punho cerrado, para submeter e dominar o outro. Esta é a primeira acepção de cuidado, seu lado mais luminoso e construtivo. Como se depreende, este tipo de cuidado pertence ao humano mais humano, aquele que nos torna apreciáveis e amigos da vida.

O segundo sentido é este: "O cuidado é todo tipo de preocupação, inquietação, desassossego, incômodo, estresse, temor e até medo face a pessoas e a realidades com as quais estamos afetivamente envolvidos e por isso nos são preciosas".

Esse tipo de cuidado, como o outro, pertence à estrutura da vida humana, desde o momento em que nascemos. Acompanha-a em cada momento e em cada fase de nossa vida e o carregamos até ao momento da morte. É uma sombra, ora leve, ora pesada, ora sombria, ora ameaçadora que nos escolta e da qual não nos podemos furtar. O que podemos e devemos é conviver com ela, com habilidade existencial e sabedoria de vida, não permitindo que sua dimensão negativa se torne senhora de nossas atitudes e atos, nem perturbe o rumo de nossas vidas.

O terceiro sentido é o seguinte: "Cuidado é a vivência da relação entre a necessidade de ser cuidado e a vontade e a predisposição de cuidar, criando um conjunto de apoios e proteções (*holding*) que torna possível esta relação indissociável, em nível pessoal, social e com todos os seres viventes".

O cuidado-amoroso, o cuidado-preocupação e o cuidado-proteção-apoio são existenciais, vale dizer, dados objetivos da estrutura de nosso ser no tempo, no espaço e na história. São prévios a qualquer outro ato e subjazem a tudo o que empreendemos. O cuidado é da essência humana. Por isso não é erradicável.

O quarto sentido é: "Cuidado-precaução e cuidado-prevenção constituem aquelas atitudes e comportamentos que devem ser evitados por causa das consequências danosas previsíveis (prevenção) e aquelas imprevisíveis pela insegurança dos dados científicos e pela imprevisibilidade dos efeitos prejudicais ao sistema-vida e ao sistema-Terra (precaução)".

O cuidado-prevenção e o cuidado-precaução nascem de nossa missão de cuidadores e guardiães da herança recebida do universo, e por isso também pertencem à essência de nosso estar-no-mundo. Somos seres éticos e responsáveis, quer dizer, damo-nos conta das consequências benéficas ou maléficas de nossos atos, atitudes e comportamentos.

Todas essas formas de cuidado tornam a vida ora leve, radiante e feliz, ora sombria, preocupada e dramática. E como os sentidos se realizam e coexistem permanentemente, mesclando-se de forma inseparável, tornam a existência humana paradoxal e contraditória, mas sempre apetecível e de valor inestimável.

1.4 Duas expressões do mesmo cuidado

Existe o cuidado *natural-objetivo* e o cuidado *ético-consciente*. O natural-objetivo é aquele que é dado com a própria existência com os significados já assinalados, como cuidado-amoroso, o cuidado-preocupação e cuidado-precaução-prevenção. Assim, naturalmente cuidamos de nosso corpo, de nossa mente, de nossa interioridade, enfim, de nossa vida e de tudo o que nos é caro, e nos prevenimos contra danos que nos poderão advir de certas práticas humanas irresponsáveis. E também cuidamos, preocupados, com a qualidade de vida, com a contaminação de nosso ar, de nossos solos e de nossas águas, enfim, com o futuro de nosso projeto planetário (Bishop. *Nursing Ethics*, p. 67-75).

O cuidado revela que não somos seres independentes. Somos profundamente ecodependentes, portadores de uma carência fundamental que é suprida pelas pessoas, pela cultura e pelos recursos e serviços da natureza. Como já foi assinalado por eminentes biólogos (Gehlen e Plessner), não possuímos qualquer órgão especializado (*Mangelwesen*) que possa dar conta de nossa subsistência. O cuidado se impõe para garantirmos a vida e sua continuidade.

Existe também o cuidado *ético-consciente*. Trata-se do cuidado natural assumido conscientemente, de modo reflexo, como valor, interiorizado de forma intencional e feito atitude e projeto de vida (Foucault. *A hermenêutica do sujeito*). Transformamos o que é da natureza em propósito pessoal, social e planetário; portanto, em algo que depende de nossa vontade e liberdade, e assim se transforma em um dado cultural.

Então cuidamos atenta e conscientemente de tudo, de nossas palavras, de nossos gestos, de nossos pensamentos, de nossos sentimentos e de nossas relações para que sejam benfazejas para nós e para os outros (Appleton. "The Meaning of Human Care and the Experience of Caring in a University School of Nursing", p. 77-94. • Leloup. *A arte de cuidar*, p. 115-143).

Com cuidado, tudo flui melhor e nos equivocamos menos. Se não tivermos atento cuidado ao atravessarmos uma rua de tráfego intenso podemos ser atropelados e até ser mortos. Mas igualmente vivemos o cuidado-preocupação, indignados por se deixarem correr as coisas assim como correm, emitindo mais e mais gases de efeito estufa (já chegamos em 2012 a 30 bilhões de toneladas anuais), tolerando o aumento do aquecimento global e criando as condições de uma grave crise ecológico-humanitária. Como não viver esse cuidado, preocupado e preocupante?

Por um lado, importa cuidar no sentido de sanar feridas passadas e impedir futuras, preservar com amor as espécies ameaçadas e se responsabilizar pela conservação dos ecossistemas e da vitalidade da Mãe Terra, reflorestando, combatendo a erosão, impedindo que agrotóxicos atinjam os aquíferos e reduzam a biodiversidade.

Por outro, urge cuidar no sentido de nos preocuparmos pelo desinteresse dos poderes públicos, pelo tipo de crescimento que extenua os recursos escassos, tolera os desmatamentos para beneficiar o agronegócio e a pecuária, permite a produção de transgênicos e é leniente com o excessivo uso de agrotóxicos e a produção de agentes químicos sintéticos, danosos para a fertilidade humana (Colborn. *O futuro roubado*, 1997), não exercendo o princípio de precaução por danos às pessoas e ao ambiente.

Como se deduz, o cuidado está ligado a questões vitais que podem significar a destruição de nosso futuro ou a manutenção de nossa vida sobre este pequeno e belo planeta.

2

O cuidado no processo evolucionário

O cuidado não é apenas essencial nos processos vitais, especialmente nos relacionamentos pessoais e sociais, seja como cuidado-amoroso, como cuidado-preocupação ou seja como cuidado-precaução, mas também está presente em todo o processo evolucionário.

2.1 O cuidado como constante cosmológica

Poderíamos dizer que o cuidado é contado entre as constantes cosmológicas, pois nunca se ausentou em qualquer período da evolução.

Há um vasto consenso na comunidade científica de que o universo é consequência da primeira e originária singularidade representada pelo *big-bang*. Este teria ocorrido há 13,7 bilhões de anos, quando aquele ponto pequeníssimo, repleto de energia e de informação, inflou-se e depois silenciosamente explodiu.

Cosmólogos como S. Weinberg (1987) e S. Hawking (2005) calcularam o que ocorreu nos momentos iniciais do processo cosmogênico. Misteriosamente houve um choque de mútua aniquilação entre a matéria e a antimatéria, restando apenas uma fração mínima de matéria da qual se originou tudo o que existe hoje.

A misteriosa Energia de Fundo, que preside a todos os eventos, de ponta a ponta da evolução, desdobrou-se nas quatro interações fundamentais que sustentam tudo o que existe: a gravitacional, que provoca a atração mútua entre os seres dotados de massa; a eletromagnética, que produz atração ou rejeição entre os objetos com carga elétrica; as duas forças nucleares, a fraca e a forte, que atuam sobre os constituintes do núcleo atômico. Todos os eventos resultam da ação simultânea e articulada dessas forças.

A energia e a matéria, após a grande explosão, foram projetadas em todas as direções, criando o espaço e o tempo. Começou a expansão, a autocriação e a auto-organização de ordens, no princípio das mais simples e depois de bilhões de anos, das mais complexas. Mas tudo ocorreu dentro da constante cosmológica do cuidado sutil de todos os elementos.

Se, por exemplo, a força gravitacional fosse demasiadamente forte, ela atrairia tudo para si, havendo sucessão de explosões, ou teria surgido um buraco negro, com a impossibilidade da existência do universo. Se a gravidade fosse demasiadamente fraca, tudo se diluiria e não haveria o adensamento dos gases, criando a matéria, as estrelas, a Terra e nós mesmos.

Se, ao contrário, a força eletromagnética tivesse sido demasidamente intensa, teriam surgido apenas moléculas estáveis como a da água e do gás carbônico. Se as energias nucleares também fossem desproporcionalmente poderosas, apenas emergeriam átomos estáveis como os do ferro. Assim, todo o universo seria extremamente homogêneo e rígido, o que efetivamente não ocorreu. Isto porque tudo se processou com finíssimo cuidado para que as coisas se tornassem o que atualmente são.

Para criar alguma luz sobre esta convergência, fruto do jogo cuidadoso de todos os fatores, cientistas se referem ao princípio *andrópico fraco*, no qual tudo ascendeu em ritmo de cada vez mais complexidade, tornando possível a emergência da vida e, como subcapítulo da vida, a emergência da consciência. Na perspectiva quântica esta seria uma entre tantas possibilidades não obrigatórias (*principio andrópico forte*), mas foi aquela, possível entre tantas outras, que efetivamente ocorreu. Caso contrário, teria surgido outro mundo, mas não o nosso.

Por isso, dentro de outra dosagem de cuidado, diferente da atual, poderíamos admitir o surgimento de múltiplos universos, paralelos ao nosso, tese sustentada por não poucos astrofísicos e cosmólogos (cf. Hawking. *A nova história do tempo*).

Esse cuidado também estava presente quando a matéria alcançou um grau elevado de complexidade e organização, permitindo surgir a vida há 3,8 bilhões de anos. A primeira bactéria com cuidado singularíssimo dialogou quimicamente com o entorno, logrou um equilíbrio dinâmico que lhe possibilitou sobreviver e continuar a evoluir.

Por volta de 225 milhões de anos atrás a evolução alcançou um grau mais elevado de complexidade. Foi quando surgiram os mamíferos, e com eles entrou no universo conhecido algo até então inexistente: o sentimento, o envolvimento afetivo e o cuidado essencial da mãe para com a sua cria. O cuidado se transforma numa exigência da vida, pois sem ele esta não conseguiria se produzir e reproduzir.

Este cuidado atingiu o seu grau mais elevado quando, há 7-9 milhões de anos, irrompeu no cenário da evolução o ser humano. Aqui o cuidado ganhou uma qualidade nova: não somente natural, ligado aos processos ecológicos da vida, mas também é propósito consciente. O ser humano se propõe a cuidar conscientemente do outro. O cuidado se faz amor, reconhecimento e comunhão. Ele também se mostra como preocupação e zelo pelo ser que ama ou com o qual está afetivamente envolvido. Também cuida de seu entorno, preocupa-se pelos meios de sua subsistência. Por precaução, outra forma de cuidado evita iniciativas e atos que podem ser prejudiciais a si e à natureza.

Desta forma o cuidado entra na definição do próprio ser humano como existência-no-mundo-com-os-outros, aberto à totalidade do Ser, ao futuro e à morte.

2.2 Razão intelectual e razão cordial

O fenômeno do cuidado demanda um tipo de inteligência e de razão bem diverso daquele que prevaleceu nos últimos séculos em nossa cultura: o instrumental-analítico-funcional. Esse tipo de pensamento representa o uso utilitarista, que vê a realidade de fora, como um objeto a ser conhecido e colocado à disposição do ser humano. Portanto, vê antes os meios (uso) do que os fins (o para quê). O cuidado, ao contrário, inscreve-se no mundo dos fins, das excelências e dos valores. A sede de tais realidades não é a razão, mas o coração. É a inteligência sensível e cordial que complementa a razão instrumental (Maffesoli. *Elogio da razão sensível.* • Cortina. *La razón cordial.* • Duarte. *O sentido dos sentidos.* • Goleman. *Inteligência emocional*). O *pathos*, o afeto e a paixão, mais do que o *logos*, a racionalidade e a ciência, ganham centralidade. Isso não significa que a razão seja dispensada, mas é destronada de sua predominância. Ela é incorporada a âmbito maior no qual ganha plena valência como instauradora de lucidez, de critérios e de limites.

As águas do rio caudaloso são bem representadas pelo afeto, pelas paixões e pelo coração. Mas são as margens e os limites – portanto, a razão – que lhes constroem o curso e garantem que as águas cheguem ao mar. Ambas as realidades, cabeça e coração, são necessárias e complementares, mas a singularidade do cuidado reside nas águas abundantes e correntes. Sem ele, as margens e os limites perderiam a importância. Estes existem por causa das águas e para servi-las.

Na situação cultural em que vivemos faz-se urgente resgatar a razão sensível e cordial, pois foi posta de lado pela razão científica e até difamada como empecilho à objetividade da razão. Com isso permitimos que surgisse um mundo frio, calculista, atulhado de objetos, mas sem coração, sem sonhos e sem compaixão (Löwy e Sayre. *Revolta e melancolia*). O resgate do que deixamos para trás é condição para a nossa sobrevivência como seres de convivência e de cuidado.

Se nossa cultura, hoje mundializada, tivesse conferido centralidade ao cuidado, seja como relação amorosa, seja como atitude de preocupação responsável e precaução contra efeitos maléficos de práticas humanas, não teríamos os milhões e milhões de sofredores, ecossistemas devastados e um planeta ameaçado de aquecimento global (Löwy e Sayre. *Revolta e melancolia*, p. 28-40).

Para encontrar um novo equilíbrio e assim poder manter sua vitalidade, a Terra talvez se veja obrigada a reduzir a biosfera, o que implicaria a dizimação de milhares de espécies e a sacrificação cruel de grande parte da espécie humana.

3

Fundamentação filosófico-antropológica do cuidado

As reflexões feitas até aqui, buscando delimitar o conceito de cuidado, deixaram claro que não se trata de algo que se possa agregar ou não ao ser humano. Ele entra na própria compreensão de sua natureza.

3.1 O cuidado em Martin Heidegger: origem e evolução

Queremos refletir sobre o caráter antropológico-filosófico do cuidado, guiados por um dos maiores pensadores do século XX, que se debruçou detidamente sobre o tema: Martin Heidegger (1889-1976). Em seu clássico *Ser e tempo* (1929) dedicou-lhe dois parágrafos (§ 41, 42). O autor compendia toda uma trajetória do pensamento ocidental que refletiu seriamente sobre o cuidado. Ele deixou-se inspirar por essa grande tradição, conferindo-lhe, entretanto, uma centralidade e uma fundamentação que não possuía anteriormente.

Sabemos que o conceito amadureceu lentamente na mente do filósofo (Larivée e Leduc. "Saint Paul, Augustin et Aristote comme sources gréco-chrétiennes du souci chez Heidegger"), no esforço de entender a antropologia cristã, especialmente de São Paulo e de Santo Agostinho.

Já em 1920 aparece o tema do cuidado num curso sobre a *Fenomenologia da intuição e da expressão*, quando valoriza muito um texto da *Imitação de Cristo*, de Tomás de Kempis, um dos livros de piedade mais lidos pela cristandade até os dias atuais: "o homem interior antepõe o *cuidado* de si a todos os outros *cuidados* (*internus homo, sui ipsius curam omnibus curis anteponit*)" (Larivée e Leduc. "Saint Paul, Augustin et Aristote comme sources gréco-chrétiennes du souci chez Heidegger", p. 32).

Em 1921 oferece aos estudantes de filosofia em Friburgo um outro curso sobre o livro X das *Confissões* (*O encontro de Deus*), de Santo Agostinho, em que trata de sua busca angustiada de Deus com seus desvios e ilusões (a sedução dos olhos, o prazer do ouvido, a curiosidade, o orgulho, o amor-próprio etc.), culminando no descanso do *cor inquietum* (o coração inquieto).

Antecipando as explanações de *Ser e tempo*, Heidegger assevera que a verdadeira tarefa da filosofia deve se orientar pelo cuidado de si, concreto e vivo, e de seu mundo (*Selbstwelt*). Para ele, a realidade somente ganha seu sentido original quando interpretada como cuidado e como "preocupação inquieta de si mesmo" (Larivée e Leduc. "Saint Paul, Augustin et Aristote comme sources gréco-chrétiennes du souci chez Heidegger", p. 33).

O estudo do cuidado em Santo Agostinho deixou em Heidegger traços que nunca desaparecerão em sua obra e que o aproximam da tradição filosófica antiga do cuidado de si mesmo (*epimeleia heautou*). Esta fazia o apelo à vigilância, exortava ao conhecimento de si mesmo, denunciava todas as formas do esquecimento e da fuga de si mesmo, criticando a excessiva curiosidade em saber, ver e experimentar à custa da preocupação do sentido da própria vida.

Do estudo de Santo Agostinho tira o conceito que vai aparecer em *Ser e tempo* acerca do "cuidado autêntico". É aquele que cuida de si e, na liberdade, realiza as possibilidades de se autoajudar (numa perspectiva de futuro). Também deriva dele o "cuidado inautêntico", que é cuidar de si de maneira obsessionada, ocupando-se de tudo e menos de si mesmo, ou cuidando do outro de modo a torná-lo dependente e até submisso.

O cuidado nunca é repouso, mas, na concepção cristã e dos grandes místicos como Mestre Eckhart, Lutero, Kierkegaard e em outros, sempre envolve certo nível de angústia e preocupação para consigo mesmo e pelo outro, porque o ser humano está sempre submetido à temporalidade fugaz que o torna exposto, vulnerável e passível de quedas e defeitos.

No semestre de 1920-1921 abre um outro curso sobre a *Fenomenologia da vida religiosa* e se confronta com as epístolas de São Paulo, nas quais este conclama os cristãos a estarem vigilantes face à iminente vinda (*parousia*) do Senhor. Na ocasião Heidegger introduz a expressão "o cuidado angustiante" e a "preocupação angustiada" como característica da temporalidade (*Zeitlichkeit*) em geral e especificamente dos cristãos: "Para a vida cristã não há nenhuma segurança; a insegurança permanente se revela também como aquilo que é característico dos significados fundamentais (*Grundbedeutendheiten*) da vida cristã concreta" (Larivée e Leduc. "Saint Paul, Augustin et Aristote comme sources gréco-chrétiennes du souci chez Heidegger", p. 34).

Esta vida é regida pela inquietação e preocupação diante da preparação da vinda do Senhor. Junto a este cuidado se ouve também a advertência de Jesus: "Não vos preocupeis [cuideis] dizendo: 'O que haveremos de comer?' ou 'O que havemos de beber?' ou 'Com o que nos haveremos de vestir'. Não vos preocupeis [cuideis] com o dia de amanhã; o dia de amanhã terá suas próprias preocupações [cuidados]; a cada dia basta o seu fardo" (Mt 6,34-35). Como combinar as duas afirmações? Heidegger tenta uma resposta, apoiada em seu amigo exegeta Rudolf Bultmann, o fundador da desmitologização dos textos bíblicos e um dos formuladores da exegese crítica do Segundo Testamento (história das formas; história das redações).

Sabemos que, em seu tempo de Marburg, formou um grupo particular de estudos com esse erudito teólogo e ainda outro interessado no processo moderno de secularização, Friederich Gogarten. Na linha de Bultmann, em seu famoso comentário ao Evangelho de São João, Heidegger sustenta que não se trata de invalidar o cuidado e a preocupação diante do futuro, mas de suscitar a fé de que o ser humano não pode, pelas próprias forças, livrar-se da insegurança fundamental. Ele se libera na medida em que fizer do Reino de Deus sua primeira preocupação (cuidado) e, então, a ansiedade e o cuidado angustiante desaparecerão (Larivée e Leduc. "Saint Paul, Augustin et Aristote comme sources gréco-chrétiennes du souci chez Heidegger", p. 35-43). O cristão se encontra na palma da mão de Deus. Mesmo cheio de cuidados, por que se angustiar? Para Heidegger, é no cuidado incondicional que o ser humano encontra sua quietude.

Mas é em Aristóteles que Martin Heidegger vai beber as últimas intuições que darão os contornos finais de sua compreensão de cuidado em *Ser e tempo*.

Entre os anos 1921 e 1924 dedica-se intensamente a pesquisar o grande estagirita, especialmente no curso sobre *Os conceitos fundamentais da filosofia aristotélica* (1924) (Larivée e Leduc. "Saint Paul, Augustin et Aristote comme sources gréco-chrétiennes du souci chez Heidegger", p. 43-50). Heidegger quer mostrar que a *theoria* não é uma atividade atemporal, mas que se manifesta sempre como uma preocupação histórica (cuidado), ligada ao estar no mundo e no tempo. A filosofia jorra da vida, e o pensamento deve captá-la em seu próprio momento. Usa Aristóteles para operar uma "destruição" da interpretação desencarnada da filosofia escolar, mostrando, exatamente à luz de Aristóteles, o enraizamento concreto no espaço e no tempo da *praxis* e da *theoria*, que é uma forma singular de *praxis*.

Analisa os vários conceitos aristotélicos que equivalem ao cuidado (*Sorge*), especialmente o de *epithimia* (zelo, cuidado), *prohairesis* (voltar-se ao outro), *orexis* (o desejo, a pulsão, o preocupar-se com o outro).

Nota-se que o tratamento de Aristóteles sobre o cuidado não se encontra nos textos da assim chamada *Metafísica*, mas nos da *Ética a Nicômaco* e na *Retórica*, que oferecem o quadro adequado para estudar a prática humana.

Estudando a *praxis* em Aristóteles, Heidegger desenvolveu a ideia de que o cuidado é o modo de ser primeiro de todo ser humano em sua relação para com o mundo, e não somente uma orientação particular e interior da alma, como aparecia nos autores cristãos na forma de vigilância, preocupação consigo mesmo e com o futuro.

O cuidado é algo anterior, é a fonte prévia de todos os comportamentos possíveis, sejam práticos, teóricos, conscientes ou inconscientes. Pelo fato de o ser humano ser portador de cuidado essencial, cria-se a condição para ele sentir-se conscientemente como um ser-no-mundo. O cuidado prefigura a *ex-existência*, o estar voltado para fora e para o outro (*Aussein auf etwas*). Numa palavra, o cuidado é o "sentido relacional da vida" (*Bezugssinn*), "a intencionalidade originária da vida". É, portanto, mais que uma mera inquietação; é a estrutura originária do *Dasein*, da existência humana, no tempo e no mundo. Ser homem/mulher é ser constituído de cuidado.

Retomando e utilizando a linguagem do próprio Heidegger, o cuidado é um *existencial,* um dado pertencente à natureza mesma do ser humano. Explicitamente diz em *Ser e tempo*: "o cuidado significa um fenômeno ontológico-existencial básico" (§ 41, 261); "o cuidado fornece os fundamentos ontológicos adequados para o ente que nós mesmos somos e que chamamos de homem" (§ 41, 262); o cuidado "subministra preliminarmente o solo em que toda interpretação do ser humano (*Dasein*) se move" (§ 41, 265); por esta razão "comparece como a constituição ontológica sempre subjacente da existência humana" (§ 41,165).

Com pertinência disse o filósofo brasileiro, discípulo de Heidegger, Emmanuel Carneiro Leão, numa palestra na Biblioteca Nacional, no Rio de Janeiro, em 2009, no contexto de temas relevantes da Modernidade: "Toda obra do homem só é humana na medida e enquanto sabe cuidar do humano no homem. Por isso, o humano está sempre por vir, é uma tarefa nunca acabada".

Dito de uma maneira menos formal e talvez em linguagem mais acessível, Heidegger quer afirmar: *o cuidado entra na definição essencial do ser humano. Constitui a base para qualquer interpretação que se queira fazer dele. O cuidado está sempre aí presente e subjacente como a constituição de ser humano. Falar do ser humano sem falar do cuidado não é falar do ser humano.*

Concluindo esta seção, podemos afirmar que todo o trabalho prévio de Heidegger, dialogando com a tradição, subjaz ao seu texto sobre cuidado, como vem detalhado em *Ser e tempo*. É uma elaboração extremamente densa e de não fácil interpretação. Heidegger comparece como o continuador da reflexão sobre e a partir do cuidado, que vem de um passado longínquo, de Aristóteles, passando por São Paulo, Santo Agostinho, também por Herder e Goethe, que recolheram em suas obras a fábula de Higino sobre o cuidado – à qual nos referiremos logo a seguir – até chegar à sua própria apropriação desta longa tradição.

3.2 A fábula do cuidado

Para ilustrar estas afirmações de caráter estritamente filosófico nada melhor do que usar a linguagem dos mitos e das fábulas. Elas guardam a sabedoria ancestral de forma plástica e que fala para o profundo da alma. Referiremos aqui à famosa fábula de Higino (n. 220), egípcio e bibliotecário de César Augusto († 10 d.C.), também citada por Heidegger e que nós estudamos detalhadamente no livro *Saber cuidar* (1999). Narra a fábula:

> Certo dia, ao atravessar um rio, Cuidado viu um pedaço de barro. Logo teve uma ideia inspirada. Tomou um pouco do barro e começou a dar-lhe a forma de um ser humano. Enquanto contemplava o que havia feito, apareceu Júpiter.
>
> Cuidado pediu-lhe que soprasse espírito nele. O que Júpiter acedeu de bom grado.
>
> Quando, porém, Cuidado quis dar um nome à criatura que havia moldado, Júpiter o proibiu. Exigiu que fosse imposto o seu nome.
>
> Enquanto Júpiter e o Cuidado discutiam, surgiu, de repente, a deusa Terra. Ela também quis conferir o seu nome à criatura, pois fora feita de barro, material de seu corpo. Originou-se então uma discussão generalizada. De comum acordo pediram a Saturno, o pai de todos os deuses e o

senhor do tempo, para que arbitrasse a questão. Ele acedeu prontamente e tomou a seguinte decisão, que pareceu justa a todos: "Você, Júpiter, deu-lhe o espírito; receberá, pois, de volta o espírito quando essa criatura morrer. Você, Terra, deu-lhe o corpo; receberá, portanto, também de volta o seu corpo quando essa criatura morrer. Mas você, Cuidado, que foi quem, por primeiro, moldou a criatura, cuidará dela enquanto viver. E, uma vez que entre vocês há acalorada discussão acerca do nome, decido eu: esta criatura será chamada Homem, isto é, feita de *humus*, que significa terra fértil (Boff. *Saber cuidar*, p. 45-46).

Do comentário minucioso que fizemos desta fábula em nosso livro *Saber cuidar*, retomamos apenas alguns elementos.

Antes de mais nada, importa captar as indicações de como deve ser pensada a natureza do ser humano. Em sua constituição entraram as divindades mais poderosas do céu: Júpiter, o deus soberano sobre todos os demais do Olimpo, a Terra, geradora de todas as coisas, Saturno o senhor do tempo. O ser humano, portanto, possui algo de divino, de terreno e de temporal em sua constituição.

Mas o protagonista principal é o Cuidado, supostamente tido como uma divindade. Ele é o gerador e o plasmador do ser humano (*cura prima finxit*). E se torna responsável por ele durante toda a vida, sustentando-o e cuidando dele (*cura teneat, quamdiu vixerit*).

Cabe notar que o cuidado é tão fundamental, que é anterior ao espírito e ao corpo, tidos, na antropologia clássica e na nossa, como os constituintes primeiros do ser humano. Mas aqui, ao contrário, afirma-se que o cuidado lhes antecede. Pelo fato de vigorar sutil cuidado nos fatores que permitiram o surgimento de todos os seres, como o acenamos ao nos referirmos à constante cosmológica do cuidado, emergiu este ser singularíssimo e complexo, que é o ser humano, objeto e sujeito de supremo cuidado. Somos filhos e filhas do cuidado, frutos não de um mero ato pontual e inaugurador que começa e acaba em si mesmo. Ao contrário, no dizer da fábula, somos frutos de um ato continuado e prolongado (*quamdiu vixerit*) de cuidar no tempo e no espaço, em todos os momentos e circunstâncias "enquanto o ser humano viver". Sem ser cuidado permanentemente, antes, durante e depois de tudo o que é e empreende, o ser humano deixaria de existir.

3.3 O cuidado como essência do humano

Com acerto comenta Heidegger: "Por ser, em sua estrutura, uma totalidade originária, o cuidado se acha, do ponto de vista existencial, *a priori*, 'antes' de toda a 'atitude' e 'situação', o que sempre significa dizer que ele se acha em toda a atitude e situação de fato [...] pois o ser deste ente [humano] deve ser determinado como cuidado" (§ 41, 258). Em outras palavras: se não houver um cuidado prévio, se não houver uma atitude de cuidar por parte da divindade ou por parte de algum outro, não há condições de o ser humano irromper na existência.

Importa destacar que, antes de qualquer outra diligência, o ser humano é alguém que deve ser cuidado. Ele se situa, originariamente, numa radical passividade: é cuidado por alguém; melhor, por ninguém outro que por um "deus". Somente porque recebeu cuidado, o ser humano pode cuidar de si mesmo e cuidar dos outros como atitude originária. E então se mostra sua radical atividade.

Então, a estrutura de base é: precisar ser cuidado e sentir o impulso de cuidar. A dupla ser cuidado e cuidar constitui a energia fontal e seminal que vai construir, ao longo do tempo e do espaço, a humanidade do ser humano. O cuidado aparece, então, como uma atitude amorosa, acolhedora e envolvente. Esta também foi a contribuição que D.W. Winnicott deu à relação essencial entre cuidar e ser cuidado.

Esta compreensão primeira pressupõe que o ser humano é vulnerável, está lançado no mundo, encontra-se permanentemente exposto e vive sob riscos. Esta situação frágil demanda, obviamente, cuidado amoroso, pois assim a condição humana o exige.

Daí emerge a segunda acepção de cuidado como preocupação, apreensão, receio de que algo ameaçador possa advir à vida humana. Devemos nos preocupar com determinada pessoa, pois nos sentimos ligados e envolvidos afetivamente com ela. Tudo dela nos interessa: os riscos que pode correr, os sucessos que alcançar e seu destino de vida.

Com efeito, Heidegger considera o cuidado como um existencial do estar-no-mundo, cuidado como preocupação e angústia (*Sorge/Bekümmergung*), não apenas atual, mas também possível, na perspectiva do futuro (§ 41, 265); preocupação a respeito de seu próprio ser e do ser do outro. Junto a isso vem o cuidado como atenção amorosa e zelo atual e possível para consigo, para com o outro e para com a vida (§ 41, 265). Ambas as formas de cuidado representam o que ele chama de "o desempenho do cuidado" (§ 41, 265).

3.4 O cuidado como precaução e prevenção

Mas há ainda um outro sentido de cuidado, pouco desenvolvido por Heidegger e que hoje é de extrema atualidade, dada a degradação crescente da natureza: o cuidado como *princípio de precaução e de prevenção* a que nos referimos no capítulo anterior, o que nos dispensa abordá-lo aqui. Hoje ele ganha extrema relevância por causa da acelerada e perigosa degradação da natureza e das ameaças que pesam sobre a espécie humana. Em sua última entrevista ao *Der Spiegel*, no dia 23 de maio de 1966, mas somente publicada uma semana após a sua morte, em 31 de maio de 1976, pessimista face ao desmedido poder de destruição da tecnociência, Heidegger comentou: "Só um Deus nos poderá salvar (*nur noch ein Gott kann uns retten*)".

Ou nos precavemos das centenas de toxinas que se depositam em nossos corpos (Goleman. *Consciência ecológica*) e dos gases que aquecem o planeta, especialmente o metano, que é 23 vezes mais agressivo do que o dióxido de carbono, ou então pomos em risco o futuro da espécie. Todo o cuidado é pouco, dada a aceleração das tecnologias de exploração e a transformação dos bens e serviços naturais. Precaução e prevenção são expressões do cuidado (Derani. *Direito ambiental econômico*, p. 167).

Se bem repararmos, o cuidado emerge da realidade concreta, concretíssima, do ser humano. Qual é sua realidade em grau zero? É o fato de estar-no-mundo, com-os-outros, aberto-para-o-futuro, ser-para-a-morte e abertura-em-totalidade.

O *estar-no-mundo* é se colocar em relação com todos os seres circundantes, com os quais se relaciona, tira o seu sustento e encontra-se exposto às eventuais desventuras que vêm do mundo. Daí surge o cuidado como preocupação e inquietação, mas também o cuidado como zelo, solicitude e gentileza para com as pessoas e com o seu entorno vital e ambiental (*Lebenswelt*).

O *estar-com-os outros* tem a ver com uma relação entre sujeitos que possui outra lógica, diferente daquela com os objetos. A primeira relação para com os outros, superada a estranheza natural, é de cuidado como gesto de acolhida, atenção e envolvimento. É cuidado também no sentido de que nos preocupamos e sofremos com a vida e com o destino daqueles com os quais afetivamente estamos vinculados e que amamos.

Aqui cabe recordar os dois significados básicos do cuidado, seja como gesto amoroso e como preocupação especial para com as pessoas em condições de vulnerabilidade, seja o cuidado como precaução e prevenção face a eventuais danos futuros causados ao meio ambiente.

O estar *aberto-para-o-futuro* representa a temporalidade e historicidade do ser humano. Ele não detém o tempo e este configura a oportunidade de realizar possibilidades que vêm do futuro e lhe possibilitam exercer sua liberdade enquanto capacidade de concretizar tais possibilidades. Deve cuidar e se preocupar com elas. Por esse empenho vai construindo sua identidade, que nunca está pronta, mas repleta de virtualidades a serem cuidadas e que podem ser atualizadas e antecipadas no presente. Isso nos recorda a bela sentença do argentino José Hernandez no poema épico *Martin Fierro*: "O tempo é a tardança daquilo que está por vir".

O cuidado assume novamente seu sentido de preocupação e inquietação por aquilo que vai chegar e que não podemos controlar. É a forma zelosa e diligente de plasmar a identidade por meio do exercício da liberdade, mas sempre dentro das condicionalidades inerentes à história e à situação pessoal de cada um.

Ser-para-a-morte é a situação de exposição aos efeitos letais de nosso desenvolvimento tecnológico que nos podem antecipar ou levar à morte. Mas também pode significar o limite extremo do ser humano com caráter de irreversibilidade: a morte como termo de nosso peregrinar no espaço e no tempo e de nosso estar-no-mundo-com-os-outros. O sentido que conferimos à morte é o sentido que conferimos à vida. A morte pode ser acolhida como pertencendo à vida, pois esta é sempre mortal, quer dizer, vem acolitada pela morte em cada momento da existência. Supremo gesto da liberdade é cuidar da morte na medida em que a acolhemos com serenidade, como a lei da vida e como parte de nossa passagem por este mundo. Cuidamos do tempo que nos é dado viver, aceitando sua fugacidade e superando a excessiva preocupação com o relativo e o possível. No fundo, trata-se de aceitar a lei universal da entropia que responde pelo desgaste natural de todas as coisas e que, no termo, inclui a morte.

Cuidado é não permitir que o desespero e o desamparo tolham o sentido da alegria de viver, pois, de qualquer forma, jamais poderemos deter o curso irrefreável da morte, hospedada dentro da vida desde o seu primeiro momento de existência. Cuidado em sair da vida com dignidade e com sentimento de gratidão por tudo o que o universo ou o Ser nos propiciou viver e nos concedeu desfrutar, dando-nos coragem para enfrentar obstáculos, resiliência para suportar fracassos, alegria para celebrar os sucessos e capacidade de amadurecer rumo à nossa plena identidade humana.

Abertura em totalidade: o ser humano não está aberto apenas ao mundo, ao outro e à morte. Ele se apresenta como uma abertura em totalidade, e nisto se mostra como um projeto infinito. Com todos os seres e em todos os níveis, pode se relacionar e entrar em comunhão. Por ser abertura em totalidade, busca identificar o polo que o plenifica e que lhe permite uma suprema humanização. Esse só pode se apresentar como o Ser porque nenhum ente existente é adequado ao seu impulso insaciável.

3.5 A tarefa da vida: cuidar do Ser

Cuidar do Ser é a grande tarefa da vida. No dizer de Heidegger, isso implica assumir ser o pastor e o cuidador do Ser: encontrá-lo em todos os entes, pois neles se revela, mas, ao mesmo tempo, perceber que se retrai em todos eles. Nem por isso cessa a busca de um encontro com o Ser.

Tal busca funda um cuidado, quer dizer, uma angústia incurável, e permite fazer a experiência agostiniana que tanto impressionou o jovem Heidegger: o repouso dinâmico do *cor inquietum* no Ser, que as religiões interpretam como sendo Deus.

Cuidado aqui significa se preocupar com sua interioridade, zelar para que esta abertura em totalidade não seja inautêntica ao identificar o Ser com algum ente, por mais fascinante que seja. O cuidado também pode se expressar por uma angústia existencial que nenhum psicanalista pode curar, pois traduz a implenitude do desejo sempre a caminho do Ser

Resumindo, podemos concluir: o cuidado é a precondição necessária para que algo possa existir e subsistir; é a disposição antecipada de toda prática e de toda a ação. Sem ele as coisas não irrompem para a existência, como a lógica do universo o comprova; a prática deixa de ser construtiva e expressão da liberdade para ser apenas atos inconsistentes e atabalhoados. O cuidado é uma forma de amor, e o amor é uma concretização do cuidado essencial.

O ser humano, para superar as contingências da *condition humaine*, precisa ser cuidado e, assim, garantir sua humanidade. Ele também precisa cuidar do outro para se humanizar e, ao exercer sua liberdade, mostrar as possibilidades que esconde dentro de si e, destarte, expandir sua humanidade. Nesse jogo dinâmico, arriscado e promissor, passivo e ativo, de ser cuidado e de cuidar, de amar e de ser amado e também de se preocupar com o outro, é realizada a trajetória do ser humano no tempo, no espaço e na história.

Ao viver o cuidado, o ser humano vai mostrando sua real natureza e seu modo de ser singular, de habitar esse mundo com os outros rumo ao Ser.

Desta compreensão do cuidado, enquanto natureza do ser humano no mundo e na história, emerge a dimensão ética, que não se deriva do cuidado. O próprio cuidado é sinônimo de ética e do ético no sentido clássico de *ethos* grego, como cuidado da casa e de todos os que nela habitam, seja a casa individual, seja a Casa Comum, que é o planeta Terra. Hoje, mais do que nunca, precisamos deste *ethos-cuidado* para manter vivo e em ordem esse Lar de Todos, pois não temos outro que nos acolha.

Somente com esse cuidado temos condições concretas de salvar a vida, proteger a Terra e garantir um futuro promissor para o projeto planetário humano.

4

O paradigma do cuidado: novo modo de habitar a Terra

*A*s reflexões de ordem antropológico-filosóficas nos induziram a pensar o cuidado não como algo acidental, um adjetivo que, eventualmente, pudesse ser prescindido. Ele emergiu como algo essencial, necessário e substantivo.

4.1 O cuidado: adjetivo ou substantivo?

O cuidado pode, efetivamente, ser entendido como um *adjetivo* útil que podemos agregar a qualquer tipo de prática humana sem transformar-lhe a lógica interna. Assim, alguém pode produzir com cuidado lingotes de aço, economizando água, diminuindo a emissão de pó e preservando o mais que pode a mancha verde circundante à mina de minério. Introduzindo o cuidado pode-se produzir carros menos poluentes, com técnicas de produção menos hostis ao meio ambiente e com economia de recursos materiais.

Mas a relação para com a Terra e a natureza permanece inalterada, como se fossem realidades exteriores a nós e sobre as quais teríamos o direito de dispor a bel-prazer e até de interferir em sua conformação geológica e modificar os ecossistemas que a compõem.

O cuidado entra como adjetivo, seguramente útil, mas sem a capacidade de transformar o olhar do empresário e a dinâmica da produção. O cuidado como adjetivo qualifica a produção, mas não lhe muda a natureza. Cai-se na ilusão de que limando os dentes do leão lhe é tirada a ferocidade, como se esta estivesse em seus dentes, e não em sua natureza.

Outra coisa é quando consideramos o cuidado como *substantivo*. Neste caso a Terra aparece subsistente em si mesma, um superorganismo vivo que se auto-organiza e com valor intrínseco. Já não é mais um tipo de relação meramente utilitarista, mas de pertença e de reciprocidade. Esse olhar obriga o empreendedor a desenvolver uma nova conexão para com ela, como algo a ser respeitado e, por isso, impõe-se utilizar processos tecnológicos que se adequem aos imperativos do cuidado e respeito que todo ser vivo merece.

Inverte-se a relação. Agora é o cuidado que comanda o modo de produção, e não o inverso. A produção deve obedecer à lógica da sinergia, do respeito às possibilidades e aos limites do ecossistema do qual se extraem os recursos. Possibilita que a Terra tenha tempo para refazer seus nutrientes e lhe confere descanso e sossego. Não se deixa de produzir tudo aquilo que precisamos para viver, mas essa produção se faz com cuidado e respeito para com os limites, seja da Terra como planeta pequeno, velho e com recursos escassos, seja das peculiaridades ecológicas e culturais da região. Assim, por exemplo, uma é a produção do grande agronegócio (as monoculturas de soja, dos cítricos, da criação de gado etc.), que utiliza bilhões de litros de pesticidas que envenenam as águas e os níveis freáticos, que atingem os rios matando peixes e poluindo a atmosfera. Outra é a produção da agricultura familiar e da economia solidária, que utilizam os recursos naturais para combater pragas e gerando produtos saudáveis e sustentáveis.

Lenta, mas progressivamente, importa passar de uma sociedade de produção de bens materiais, que implica a dominação da natureza, para uma sociedade de sustentação de toda a vida que se processa em sintonia com os ritmos e limites naturais (Macy e Brown. *Nossa vida como Gaia*).

Assim, o cuidado comparece como paradigma novo e alternativo (Pelizzoli. *A emergência do paradigma ecológico*). A Terra não será mais vista apenas como repositório de recursos abundantes à disposição da cobiça humana, mas como Mãe Terra e Gaia. Entre ela e nós deve reinar a mutualidade e a reciprocidade. Ela nos propicia os meios de vida, e nós, em contrapartida, devotamos-lhe cuidado, compaixão e amor, protegendo sua integridade e fecundidade.

Insistimos: não é que deixemos de produzir. Temos que produzir para atender às demandas humanas. Mas o faremos de outra forma, preocupados com a regeneração dos bens e serviços naturais renováveis e com uma utilização racional dos não renováveis, para que durem mais, especialmente atendendo às necessidades das futuras gerações.

A nossa cultura não nos educou para a reciprocidade para com a Terra nem suscitou o sentimento de mútua pertença. Não entrou nos processos educativos o sentido do cuidado necessário em seus vários sentidos expostos anteriormente, como relação amorosa para com a natureza, preocupação com sua preservação para nós e para as futuras gerações, precaução contra agressões e males que poderão ocorrer e como *holding*, quer dizer, o conjunto de estratégias para dar à Terra e à natureza proteção, descanso e paz.

Esse modo de se relacionar e de produzir constitui o novo paradigma do cuidado, urgente e necessário, dada a guerra total que estamos movendo contra o sistema-Terra e o sistema-vida.

Na fase atual do processo produtivo está ocorrendo, especificamente, voraz rapinagem dos *commons*, isto é, dos bens comuns da Terra, oferecidos por ela a todos nós, como água doce, sementes, fibras, solos, ar puro, oceanos preservados. Tais bens jamais deveriam ser tratados como *commodities*, quer dizer, como bens de mercado e de troca.

Toda essa situação não pode mais ser levada adiante, pois está se mostrando altamente danosa para tudo o que existe e vive. Temos que encontrar outras formas mais benignas de habitar nosso planeta. É neste contexto que surge a exigência de se pensar em um novo paradigma civilizacional.

4.2 O cuidado como novo paradigma civilizacional

Na esteira de Thomas Kuhn que, nos anos 70 do século passado, difundiu a expressão "paradigma" com seu conhecido livro *A estrutura das revoluções científicas* (1970), entendemos por *paradigma* toda a constelação de visões de mundo, de valores, de conceitos-chave, de ciências, de saberes, de sonhos, de utopias coletivas, de práticas espirituais e religiosas e de hábitos assumidos coletivamente, fatores que orientam uma determinada sociedade e lhe conferem sentido e a necessária coesão interna.

O paradigma de base constitui a espinha dorsal de toda uma civilização. Sustentamos a tese de que o paradigma do cuidado junto com o da sustentabilidade serão os pilares estruturadores principais de nova civilização emergente. Por ora nos concentramos somente no paradigma do cuidado.

Para melhor comprendermos tal paradigma é útil traçarmos um paralelo entre o paradigma ainda vigente, que qualificaremos como sendo de dominação e de conquista, e o paradigma do cuidado emergente, caracterizado como da transformação e da libertação (Boff e Hathaway. *O Tao da libertação*).

4.2.1 Os impasses do velho paradigma da conquista

O paradigma vigente teve sua origem nos séculos XVI e XVII, quando irrompeu outro tipo de racionalidade, a instrumental-analítica, vinda pela vontade de conquista do mundo pelas novas forças políticas emergentes da burguesia europeia, que se propuseram à conquista do mundo usando a força militar, política e religiosa. O sonho maior, verdadeira utopia coletiva da Modernidade, era a busca do *progresso indefinido,* concretizado no aumento de riqueza e de poder, condições da tão ansiada felicidade para todos. O *progresso* era e continua sendo o verdadeiro "deus" dos modernos, venerado por todos e ao qual tudo e todos devem servir. Subjugar e até destruir culturas ancestrais, como a dos Guaranis, Maias, Quéchuas, Mapuches, Incas e Astecas e outras de África e da Ásia, era a condição para fazer tais povos participarem do pretendido progresso, imposto a ferro e fogo, e também com cruz e espada.

A busca do progresso e da acumulação de riqueza pressupõe dominação da natureza e exploração de seus bens e serviços, de forma ilimitada e sem qualquer cuidado com os limites dos ecossistemas, e sem solidariedade para com as futuras gerações.

A partir de então a Terra não será mais vista como antes, desde a mais alta antiguidade, como grande mãe que merecia respeito e veneração, pois todos se sentiam em conexão com ela, como partes de um grande Todo. Agora será considerada como mera *res extensa,* na linguagem de Descartes, algo inerte como um objeto que podemos dispor a nosso bel-prazer. O ser humano se sentia "senhor, rei e dono" ("*maître et possesseur*"), acima da Terra e não ao pé dela, como membro da grande comunidade de vida, nascido como todos do útero generoso da Mãe Terra. Tais visões foram postas ao ridículo como resquícios do pensamento mítico, atrasado e finalmente suplantado pelas luzes da moderna razão.

Estabeleceu-se uma relação de violência para com a natureza. Francis Bacon, formulador do método científico moderno, ousou, sem meias palavras, dizer: "Temos que tratar a natureza como o inquisidor trata o seu inquirido: torturá-lo até que entregue todos os seus segredos". Efetivamente, assim foi tratada a natureza e ainda continua a sê-lo, pois isso está vigorando nos centros de investigação científica.

Mas importa reconhecer aspectos inegavelmente positivos que a aplicação sistemática da razão técnico-científica trouxe para a humanidade, desde o antibiótico, que prolongou significativamente a vida das pessoas, a invenção das comodidades domésticas, até nos levar à lua e trazer-nos de volta. Ao mesmo tempo, entretanto, inventou uma máquina de morte que pode liquidar a espécie humana de 25 formas diferentes e devastar gravemente a biosfera.

Mediante a tecnociência, a espécie humana ocupou 83% da superfície do planeta, depredando seus bens escassos e modificando a base físico-química de sua infraestrutura ecológica. O consumo humano ultrapassou em 30% a capacidade de reposição dos bens e serviços naturais produzidos pela Terra. Gases de efeito estufa, acumulados nos quatro séculos de industrialização, estão provocando o aquecimento global do planeta.

Seguindo este ritmo crescente e se nada substancial for feito, a Terra poderá, em meados do século XXI, alcançar três graus Celsius e, no final do século, entre 4 e 6, especialmente se ocorrer o temido "aquecimento abrupto". A comunidade científica norte-americana fez um alerta especialmente dirigido aos tomadores de decisões dos vários países (National Academy of Sciences Committee on Abrupt Climate Change, 2011). Nestas condições, nenhuma forma de vida ora existente subsistirá, impossibilitada de adaptar-se às mudanças ou de mitigar os efeitos letais. A nossa própria espécie, *homo sapiens*, pode estar incluída nesta devastação ou sobreviverá em pequenos grupos, em reduzidos oásis ou redutos privilegiados.

Constitui-se uma evidência política de nossa civilização do progresso ilimitado que cada país deve crescer anualmente pelo menos entre 2 e 4%, e o planeta, como um todo, cerca de 2% pelo menos.

Criou-se um círculo vicioso perverso: todos são incitados pela propaganda a consumir *mais e mais*. Para isso importa produzir *mais e mais*. Esse processo de produção exige *mais e mais* a exploração dos recursos da natureza. Como decorrência, quanto mais se exploram os recursos naturais, mais escassos se fazem, mais poluição se produz, mais deflorestação ocorre, mais se envenenam os solos, mais se contaminam as águas, mais se degeneram ecossistemas e cada vez mais aumenta o aquecimento global com as decorrentes mudanças climáticas. Até onde nos levará essa lógica fatal? Alguém se perguntou, seriamente, se a Terra aguenta essa guerra total que os humanos estão conduzindo desapiedadamente contra ela.

Nosso planeta está dando inequívocos sinais de estresse, que, sob essas condições tão adversas, não consegue manter sua vitalidade e integridade. Ele está crucificado; importa baixá-lo da cruz e ressuscitá-lo.

Como se torna evidente, esse progresso é absolutamente irracional, hostil à vida e insustentável, pois um planeta limitado não suporta um projeto ilimitado.

O grande equívoco de todo o projeto da Modernidade, fundado no paradigma da conquista e da dominação, foi não ter levado em consideração a Terra, pressupondo ilusoriamente que ela fosse infinita em seus bens e serviços e ilimitada em sua resiliência. A exaustão de seus recursos escassos, a degradação de seus solos, florestas, águas, oceanos, atmosfera e a desumana desigualdade social que provocou, conjugando a injustiça ecológica com a injustiça social, são os sinais de seu fracasso e incapacidade de resolver os problemas criados por nossa civilização.

Em seu discurso de outubro de 2009 nas Nações Unidas, o presidente da Bolívia Evo Morales Ayma ousou denunciar, com humildade e sinceridade, a irracionalidade do atual sistema globalizado. Falou menos como chefe de Estado e mais como líder indígena, para quem a visão da Terra e dos problemas ambientais está em evidente confronto com a visão dominante.

Denunciou sem rodeios: "A doença da Terra chama-se modelo de desenvolvimento capitalista". Esse modelo permite que "três famílias possuam ingressos superiores ao PIB dos 48 países mais pobres onde vivem 600 milhões de pessoas" e faz com que "os Estados Unidos e a Europa consumam cerca de 8,4 vezes mais do que a média mundial".

Fez uma sábia ponderação e de graves consequências: "Perante esta situação, nós, os povos indígenas e os habitantes humildes e honestos deste planeta, acreditamos que chegou a hora de fazer uma parada para reencontrarmos as nossas raízes com respeito à Mãe Terra, a Pachamama, como a chamamos nos Andes". Este discurso encontrou ouvidos moucos, mas sua advertência não deixará de possuir extraordinária importância, pois chegará o dia em que a humanidade deverá prestar contas à Terra e chorar pelas chagas que lhe foram infligidas (Swedish. *Living Beyond the "End of the World"*, p. 40-65).

Todos os antifenômenos eram tidos como externalidades, isto é, fatores que são desconsiderados pela contabilidade das empresas e pelos cálculos do PIB de cada país. O preço para esse desejado progresso foi pago com impiedosa pilhagem de todos os ecossistemas da Terra. Fizemo-nos filhos e filhas ingratos, cruéis e sem piedade (Wilson. *A criação*, p. 38. • Lovelock. *Gaia: alerta final*, p. 76-98).

Agora essas externalidades se tornaram tão visíveis e ameaçadoras, que estão pondo em xeque a obsessão pelo progresso e pelo crescimento ilimitado da riqueza e do bem-estar. A civilização humana corre o risco de autoliquidar-se. Ela não acumulou energias espirituais para enfrentar com sucesso a presente crise que pode ser terminal. Criou uma civilização materialista, individualista, mecanicista, dualista, hostil à vida e inimiga da Mãe Terra.

O derradeiro fruto desse ensaio civilizatório é a atual decepção, a frustração, o desencanto do mundo e a perda de conexão com o Todo. Vivemos sós, sem raízes, perdidos no meio de uma parafernália de objetos tecnológicos, a maioria supérfluos. O "deus" progresso está agonizante e prestes a morrer. E não inventaram outro "deus-ídolo" para substituí-lo e adorá-lo. O sonho se mostrou um pesadelo e a utopia se transformou em ilusão.

Este contexto global, ameaçador e perigoso nos remete à urgência de um outro paradigma que possa incorporar todas as conquistas positivas do anterior e alcançar um outro patamar que possa abrir novas possibilidades para a humanidade. Este paradigma que já há anos estamos propondo é o do cuidado necessário, aliado à sustentabilidade racional.

Se até o presente vigorou o paradigma da conquista, a partir de agora deverá prevalecer o paradigma do cuidado. Se antes havia se estabelecido uma relação agressiva para com a Terra, agora deverá ser de benevolência e de sinergia. A primeira e mais urgente missão de todos é salvar o sistema-vida e garantir a continuidade do sistema-Terra, curar as feridas passadas e prevenir as futuras.

4.2.2 *As vantagens do novo paradigma do cuidado*

Subjacente ao novo paradigma do cuidado está uma cosmologia de transformação e de libertação que se opõe à cosmologia da dominação e da conquista. Esta é hegemônica e legitima as práticas que estão lesando a integridade da Terra.

Na nova cosmologia, adequada ao paradigma do cuidado, a Terra é entendida como fruto do grande processo de evolução e de transformação que já perdura 13,7 bilhões de anos. Esta se apresenta como a *Magna Mater* dos povos antigos, a *Pacha Mama* dos povos andinos, a *Nana* dos orientais e a *Gaia* dos contemporâneos (Mamani. *Buen vivir/vivir buen*, p. 27-33).

Terra e humanidade formam uma única entidade indivisível e complexa, na visão dos astronautas a partir da Lua, em suas naves espaciais. Testemunham: "Daqui de cima não há diferença entre a Terra e a humanidade; formam uma única e brilhante realidade" (White. *The Overview Effect*, p. 216-217). Por ser viva, reclama cuidado como toda vida. Porque está doente pelo aquecimento global, o cuidado se mostra como preocupação por sua integridade e vitalidade. Precisamos criar o *holding* (Winnicott. *Tudo começa em casa*) necessário, isto é, aquele conjunto de cuidados, dispositivos e medidas que previnam males futuros irreparáveis. Temos que fazer valer o princípio da precaução e da prevenção como expressões práticas do cuidado.

O ser humano, homem e mulher, representa a parte consciente e inteligente da Terra. Bem o expressou o pai da ecologia norte-americana Thomas Berry: "O ser humano, menos que um ser habitando na Terra ou no universo, é sobretudo uma dimensão da Terra e, de fato, do próprio universo; [...] a formação do nosso modo de ser depende do apoio e da orientação dessa ordem universal; [...] no universo, cada ser se preocupa conosco" (Berry. *O sonho da Terra*, p. 39).

A Terra não produziu apenas os seres humanos, mas toda a comunidade de vida (micro-organismos, plantas, aves, pássaros e animais) com a qual mantemos relações de interdependência e complementaridade. Dentre todos os seres, só o ser humano possui uma dimensão ética: ele é o cuidador e o responsável por seu habitat, a Terra; sua missão não é a de senhor e de dono, mas a de hóspede, cuidador e guardião.

É de sua natureza intervir nos ciclos naturais e, com isso, criar cultura, mas é imperativo fazê-lo com sumo cuidado e dentro do princípio de precaução, para que não advenham efeitos deletérios.

O ser humano mostrou que pode depredar os ecossistemas e se tornar o satã da Terra, quando, na verdade, sua vocação é ser o anjo bom que cuida e protege. Atualmente se transformou numa força geofísica devastadora, inaugurando, como alguns cientistas apontam, a Era do *Antropoceno*. Nesta era a grande ameaça não vem do céu nem de algum meteóro rasante, mas da própria prática descuidada e irresponsável dos seres humanos, especialmente daqueles que hegemonizam nosso tipo de civilização, prolongam e aprofundam a exploração dos bens e serviços da Mãe Terra, de classes sociais inteiras e da maioria dos países.

Se não contivermos o ser humano, com ética, práticas novas e uma visão espiritual do mundo, poderão ocorrer catástrofes inimagináveis, parecidas com aquelas que outrora quase liquidaram a vida no planeta (Ward. *O fim da evolução*). Para impedir que tal calamidde aconteça se impõe urgentemente a ética do cuidado e da responsabilidade coletiva. Analisaremos abaixo, ainda que sumariamente, as virtualidades presentes no paradigma do cuidado.

4.3 Novas exigências do paradigma do cuidado

A *Carta da Terra*, aquele documento vindo das bases da humanidade e universalizado pela Unesco em 2003, declarou de forma profética, face ao momento crítico e perigos pelo qual estão passando a Terra e a humanidade: "Como nunca antes na história, o destino comum nos conclama a um novo começo [...]. Isto requer mudança nas mentes e nos corações. Requer um novo sentido de interdependência global e de responsabilidade universal" (Conclusão).

Eis aqui enunciadas as exigências básicas que devem balizar o novo paradigma emergente do cuidado. Trata-se efetivamente de um novo começo, de uma verdadeira conversão das mentes e dos corações, exigida pelo destino comum.

Caso contrário, poderemos conhecer o destino já percorrido pelos dinossauros depois de terem vivido 133 milhões de anos sobre o nosso planeta.

4.3.1 *O resgate da razão cordial*

Se quisermos realmente inaugurar um novo começo precisamos, antes de mais nada, ativar um outro tipo de razão, não mais a serviço da dominação e do enriquecimento, mas adequada à natureza do cuidado. É a razão cordial ou sensível, a que nos referimos anteriormente, que tem interessado nos últimos tempos a não poucos pensadores (Goleman, Maffesoli, Cortina, Duarte Jr., Assmann e Mo Sung, Muniz Sodré etc.).

Essa razão cordial está radicada no coração, o órgão do cuidado (daí o nome "razão cordial"). Ela se estrutura ao redor do *pathos*, do afeto, do sentimento profundo no sentido da capacidade de afetar e de ser afetado. Aqui ganha centralidade aquilo que era tido como suspeito e perigoso pelos gregos e pelos modernos: o caráter desordenado e impulsivo das paixões, a ponto de ser imediatamente submetido ao freio da razão.

É verdade que os antigos e os modernos reconheceram que o *pathos* é a energia primordial do humano, mais fundamental do que a razão, ligada aos estratos mais ancestrais da experiência humana. Mas não deram crédito ao fundamento afetivo da existência (Noddings. "Justice, Caring and Universality", p. 3) nem construíram a compreensão do humano, incluindo reflexivamente esta realidade fontal. Constituem exceção, nos tempos modernos, os filósofos Schoppenhauer, Max Scheler, Martin Heidegger e toda a escola psicanalítica.

O que de fato ocorreu foi o enquadramento do *pathos* nas malhas do *logos* e da razão funcional, com o risco do racionalismo que, posteriormente, em vastos campos do saber e da cultura, acabou predominando. Em lugar do cuidado entrou o trabalho como instrumento de produção de riqueza, e menos o trabalho como moldagem do mundo e da própria identidade (Arruda. *Tornar real o possível*). Não que o trabalho se oponha ao cuidado. Ele também é uma forma de estar-no-mundo, garantindo a subsistência e criando cultura. Entretanto, predominou como intervenção agressiva na natureza, quando, para não produzir danos, deveria estar sempre acompanhado do cuidado, da precaução e da prevenção. Assim, ele seria humanizado e humanizador.

Hoje sabemos, pela visão quântica da realidade (a permanente vinculação entre sujeito e objeto), pela tradição psicanalítica e pelos estudos empíricos da nova antropologia (como a de David Goleman em seu livro *A inteligência emocional* (1995) ou da reflexão de muitos pensadores contemporâneos, alguns já referidos), que o afeto, a sensibilidade, a passionalidade e o sentimento são as camadas mais profundas e determinantes do humano.

Há uma base biológica para isso, fundada na emergência dos mamíferos há 225 milhões de anos, quando irrompeu o cérebro límbico, que é o cérebro do cuidado e da proteção da cria, do sentimento materno e filial. Nunca devemos nos esquecer de que, nós humanos, somos do gênero dos mamíferos e por isso perpassados de emoção e de cuidado. Somente nos últimos 5-7 milhões de anos surgiu, no processo da evolução, o cérebro neocórtex, que responde pela racionalidade, pelas conexões formais e conceituais. Este é jovem demais para se igualar em importância ao vasto campo ocupado pelo cérebro das emoções, dos afetos e dos cuidados.

Com efeito, é no âmbito do afeto que emerge o mundo das excelências. Em seu interior é que emerge a dimensão existencial do cuidado, nascem os valores, aquilo que nos agrada e desagrada, que é bom para nós e para os outros e que nos move para a ação. Sem a razão cordial, a razão sensível e a inteligência emocional, o cuidado, com todas as suas irradiações, permaneceria sepultado ou assumiria formas inautênticas, já denunciadas por Heidegger em suas análises.

Esse tipo de razão não se opõe ao *logos* analítico, mas, antes, completa-o, enriquecendo-o, pois o sujeito que sente e pensa se descobre sempre imbricado com o objeto sentido e pensado. Toda ideia vem impregnada de sentimento, o que facilita sua compreensão e divulgação. A ausência mais perversa que marca a atual fase neoliberal da globalização é que as grandes maiorias pobres e oprimidas são feitas invisíveis. Elas são zeros econômicos e não são sentidas como participantes da espécie humana. Já observava Pierre Teilhard de Chardin: "O progresso de uma civilização se mede pelo aumento da sensibilidde para com o outro". Sob este critério vivemos tempos de desumanidade e de barbárie.

A razão sensível nos abre às mensagens que nos vêm da natureza e de todas as partes, suscita em nós a dimensão espiritual da gratuidade, da renúncia dos próprios interesses em favor do bem dos outros, da veneração e do respeito. Ela nos permite perceber a Energia amorosa e poderosa que subjaz a todos os eventos e que as religiões chamaram com mil nomes: Tao, Shiva, Inti, Javé, Alá, Olorum... numa palavra: Deus.

Aqui é o lugar para resgatarmos, junto com a razão cordial, a dimensão da *anima*. *Animus e anima* são duas forças originárias presentes em cada pessoa (homem e mulher) e que entram na construção da identidade humana. A *anima* responde pela capacidade (também no homem) de sensibilidade, de intuição, de captação do sentido dos símbolos e da espiritualidade. Essa dimensão foi recalcada por séculos de domínio do *animus*, que se expressa pela razão objetiva, pela ordenação das coisas, mas que sem a *anima* gerou o machismo e o patriarcalismo e, com isso, a subordinação e a invisibilização da mulher. O *animus* desgarrado da *anima* se degenera em racionalismo e se faz mouco às mensagens que vêm de todos os lados. Hoje, se quisermos realmente desenvolver uma relação de cuidado e benevolência para com a Terra e a vida, necessitamos urgentemente despertar e expandir a dimensão da *anima* nos homens e fortalecer o *animus* nas mulheres.

Só as ideias que mergulharem no sangue do coração garantem o que postula a *Carta da Terra*: um novo começo, mentes e corações novos, guiados pelo cuidado por tudo o que existe e vive.

Portanto, a *cordialidade* é a grande característica do novo paradigma do cuidado.

4.3.2 *A reciprocidade: refundar o pacto natural*

Se a Terra é efetivamente viva e nós somos sua parte consciente e inteligente, então vigoram laços de mútua pertença e de profunda reciprocidade. Aqui vale a economia do dom: gratuitamente recebemos e gratuitamente lhe devolvemos cuidado e proteção do seu sangue, que são as águas, do seu sopro, que é o ar, da sua vitalidade, que são os nutrientes dos solos, e toda a biodiversidade de fauna e flora, da sua vestimenta, que são as florestas, da sua beleza, que são as flores, dos seus alimentos, que são os frutos, e assim por diante.

Normalmente reina um contrato natural entre Terra e humanidade. Mas nos últimos séculos ele foi rompido: os seres humanos se exilaram da Terra; criaram um mundo só para si, tendo uma relação de comércio e de troca para com ela; rasgaram o pacto natural e inventaram o pacto social. Este considera apenas os seres humanos, como se somente eles existissem e tivessem direito, esquecendo-se do direito de todos os seres à vida e os direitos da Mãe Terra.

A consequência foi a solidão, a perda de raízes e de conexão com os outros seres humanos, centrados somente sobre si mesmos. Recordemos a sábia advertência do Cacique Seattle: "O que é o homem sem os animais? Se todos os animais se acabassem, o homem morreria de solidão de espírito. Porque tudo o que acontece aos animais logo acontece também com o homem, porque tudo está ligado com tudo" (Boff. *Grito da Terra*, p. 339).

Para resgatar a conexão com a Terra faz-se mister articular o pacto social com o pacto natural, de forma que os elementos naturais sejam reconhecidos em seus direitos e sejam igualmente considerados como cidadãos. A democracia, então, será sociocósmica; uma democracia da Terra, como o sonham milhões de povos andinos.

4.3.3. Os direitos da Mãe Terra: o respeito e a veneração

Se a Terra é um superorganismo vivo, cabem-lhe direitos como a todos os seres vivos. A nós humanos cabe o dever de respeitá-los e defendê-los. O Presidente da Bolívia Evo Morales Ayma nos apresentou uma boa orientação para o estabelecimento desses direitos da Mãe Terra. É ele quem mais tem se empenhado mundialmente para introduzir esse novo olhar sobre a Terra. Em seu notável discurso do dia 22 de abril de 2009 na Assembleia Geral da ONU – quando finalmente se aprovou por unanimidade que todo dia 22 de abril não seja mais simplesmente o Dia da Terra, mas, a partir daquela data, seja o Dia da Mãe Terra – afirmou os seguintes direitos:

• o direito de regeneração da biocapacidade da Mãe Terra;

• o direito à vida, garantido a todos os seres vivos, especialmente aqueles ameaçados de extinção;

• o direito de uma vida pura, porque a Mãe Terra tem o direito de viver livre de contaminações e poluições de toda ordem;

• o direito do bem-viver, propiciado a todos os cidadãos;

• o direito à harmonia e ao equilíbrio com todos os seres que vivem sobre a Mãe Terra;

• o direito de conexão com a Mãe Terra e com o Todo do qual somos parte.

A cada um destes diretos correspondem deveres de seus filhos e filhas no sentido de retribuírem com cuidado, respeito e sã preocupação visando a garantia da vitalidade e da integridade da Mãe Terra. Só assim ela continuará nos acolhendo amigavelmente em seu seio (De Marzo. *Buen vivir*, p. 153-170).

Esta visão da *dignitas Terrae* e de seus direitos possui a força interna de gestar uma paz perene com toda a natureza, base para a paz entre os povos. Ela não será mais vista como um simples repositório de recursos a serem explorados para o enriquecimento de alguns a preço do empobrecimento dos outros. Ela é Mãe generosa que a todos sustenta e alimenta.

Com o reconhecimento da dignidade da Terra e de seus direitos, poderá ser iniciado um novo tempo, o da biocivilização, na qual Terra e humanidade reconhecem a recíproca pertença, a origem e o destino comuns.

4.3.4 A justa medida como exigência do cuidado

O cuidado exige uma prática que lhe é inerente: o sentido da justa medida. Como e quando deve ser a nossa intervenção na natureza com aquele cuidado que não estresse nem danifique o capital natural e ao mesmo tempo atenda às nossas necessidades? A justa medida é o ótimo relativo, o equilíbrio entre o mais e o menos. Aqui entra o cuidado como uma espécie de sabedoria prática que considera os vários fatores e mede, pelo princípio da precaução ou da prevenção, os efeitos que podem ocorrer no meio ambiente.

Todas as culturas, das antigas às modernas, do Ocidente e do Oriente, deram especial centralidade à justa medida. A experiência universal tem mostrado que todo o excesso para mais ou para menos é prejudicial ao equilíbrio pessoal, social e natural. A justa medida representa a importância do cuidado, que se expressa pelo equilíbrio.

A nossa cultura moderna se caracteriza pelo excesso: de exploração da natureza; de acumulacão de riqueza, que faz com que menos de 500 famílias do mundo controlem mais da metade de todos bens produzidos; de uma cultura que tolera a pobreza e até a miséria de grande parte da população mundial, que fez guerras de agressão com milhões de mortos e deslocados. Somente no século XX as guerras dizimaram cerca de 200 milhões de pessoas. E sobretudo uma cultura que agrediu sistematicamente todos os ecossistemas, fazendo uma verdadeira guerra total (*totaler Krieg* de Hitler) contra a Mãe Terra e sabendo que não tem qualquer chance de poder ganhá-la.

A Terra viveu bilhões de anos sem nós (ela tem 4,44 bilhões de anos) e também pode continuar vivendo sem nós. Nós, ao contrário, precisamos da Terra para viver.

O cuidado foi enviado ao exílio. Por isso, tudo se encontra mais ou menos abandonado e entregue à própria sorte, provocando, particularmente entre os jovens, desesperança e sentimento de destruição do horizonte da esperança. Uma sociedade não vive sem uma utopia e sem a percepção de que possa se sentir cuidada para poder viver em paz e gozar de uma felicidade mínima.

4.3.5 *A autocontenção como demanda do cuidado*

Tão importante quanto a justa medida é a autocontenção. Somos por natureza seres de desejo, e este não conhece limites. Entregue à sua natureza, ele pode ser orgiástico e avassalador. Pode identificar um objeto limitado como se fosse absoluto, levando a pessoa envolvida a frustrações e a um vazio que só será satisfeito quando encontrar um objeto que lhe seja adequado, algo Infinito como infinito é o desejo. Esse infinito é o Ser. Cuidar do desejo é impor-lhe limites e autoconter-se para não perder o rumo da vida. Todos sabem que é preciso se autocontrolar ao comer, ao fazer esforço, ao conduzir-se no tráfego e principalmente nas situações de conflito que podem degenerar em violência e até em crime. O cuidado consigo mesmo, com suas energias positivas e negativas, é um modo de ser permanente e pertence ao nosso estar-no-mundo-com-os-outros.

Ocorre que toda nossa cultura milita contra a autolimitação. Promove um progresso ilimitado que vai além da capacidade de suporte do planeta, exaspera o consumo para produzir mais e mais, sem considerar o custo a ser pago pela natureza que se empobrece e acaba extenuada em recursos não renováveis.

A lógica do sistema é: quem não tem é estimulado a ter; quem tem, quer ter mais; e quem tem mais diz que nunca é suficiente. As consequências perversas dessa falta de cuidado para com os limites da Terra e da própria existência humana estão gerando grave crise de civilização. Lentamente se impõe a consciência de que se não houver autocontrole, por exemplo, na construção de armas de destruição em massa, poderemos pôr em risco a biosfera e fazer desaparecer grande parte dos seres humanos. Ou de forma menos dramática, damo-nos conta de que não podemos continuar devastando a natureza como o temos feito até agora; ou mudamos ou então comprometeremos as condições ecológicas que garantem nossa vida.

É imperativo assumirmos a autolimitação como uma forma urgente de cuidado, como um sacrifício necessário para preservarmos os bens comuns (*commons*), salvarmos nossa civilização, tutelar os interesses coletivos ameaçados pelo excessivo individualismo, abrir caminhos para uma cultura da simplicidade voluntária e para um consumo solidário e responsável, atentos aos direitos de nossos filhos e netos que também merecem viver neste planeta.

4.4 Revisitação da ancestral sabedoria indígena

Se há um valor praticamente comum a todos os povos originários que, segundo dados da ONU, contam-se em torno de cem milhões no mundo inteiro, mormente na América Latina, é o cuidado que sempre cultivaram para com a natureza e o respeito para com a Mãe Terra. Deles temos que aprender muitas coisas, especialmente revisitar sua ancestral sabedoria. Eles têm sábias lições a nos dar.

Mais do que apresentar os resultados de uma investigação, permito-me o testemunho pessoal de meus contatos com algumas etnias importantes. Em setembro de 2009 pude me entreter longamente com os Mapuches que vivem na Patagônia argentina e chilena. São muitos; somente no sul do Chile somam mais de quinhentos mil. Vivem nessas regiões andinas há cerca de quinze mil anos. Resistiram a todas as conquistas. Quase foram exterminados, no lado argentino, pelo feroz General Rocca, e no lado chileno continuam muito discriminados. Atualmente está crescendo entre os Mapuches a consciência de seus direitos, especialmente sobre territórios que lhes foram roubados pela colonização europeia. Vergonhosamente o poder público chileno aplica contra eles as leis da constituição do ditador Augusto Pinochet, ainda vigente, leis feitas para combater os considerados terroristas e subversivos. Muitos de seus líderes estão presos como se fossem ameaça à segurança nacional.

Falando com seus líderes (*lonko*) e sábios (*machis*), logo salta à vista a extraordinária cosmologia que elaboraram. Tudo é pensado em quatro termos. Segundo C.G. Jung, o número quatro constitui um dos arquétipos centrais da totalidade.

Sentem-se tão vinculados à Terra, que se chamam *mapuche*: seres (*che*) que são uma coisa só com a Terra (*mapu*). Por isso, eles se sentem água, pedra, flor, montanhas, insetos, sol, lua, todos irmanados entre si. Aprenderam a descodificar e comprender o idioma da Mãe Terra (*Ñeku Mapu*): o soprar do vento, o pio do pássaro, o farfalhar das folhas, o movimento das águas e principalmente os estados do Sol e da Lua. Sabem tirar lições de tudo.

Seu ideal maior é viver e alimentar profunda harmonia com todos os elementos, com as energias positivas e negativas e com o céu e com a terra. Sentem-se os cuidadores da natureza: a comunidade sobe ao morro mais alto. Toda a terra que avista, até se encontrar com o céu, é-lhe designada para cuidar. Perturbam-se quando outros, não Mapuche, penetram nessas terras para introduzir cultivos que implicam desmatamento e represamento das águas, pois entendem que assim se torna mais difícil cumprir a sua missão de cuidar.

Desenvolveram sofisticados métodos de cuidado para com a saúde. Para eles, toda doença representa uma quebra do equilíbrio com as energias da Terra e do universo. A cura implica reconstituir esse equilíbrio, de sorte que o enfermo se sinta novamente inserido no Todo. Os Mapuche são orgulhosos de seu conhecimento, não aceitando que seja considerado folclore ou visão ancestral. Insistem em dizer que é um saber tão sério e importante como o nosso científico; apenas é diferente. Na busca de regeneração da Terra eles podem nos inspirar.

Precisamos levar em consideração as palavras de um grande historiador inglês, Eric Hobsbawm, na última página de seu conhecido livro *A era dos extremos* (1994): "O futuro não pode ser a continuação do passado; nosso mundo corre o risco de explosão e implosão [...]; tem de mudar; [...] a alternativa para uma mudança da sociedade é a escuridão" (p. 562).

Como evitar tal escuridão, que pode significar a derrocada de nosso tipo de civilização e eventualmente o Armagedon da espécie humana?

É neste contexto que nos remetemos à sabedoria ancestral dos povos originários. Além dos Mapuche do sul do continente latino-americano, temos os Maya na parte norte, nomeadamente na Guatemala e em Yucatan, no México.

Eles realizaram um extraordinário ensaio civilizatório que foi destruído por razões até hoje desconhecidas.

Nos inícios de 2009 tive a oportunidade de dialogar longamente com seus sábios, sacerdotes e xamãs. Daquela riqueza imensa quero ressaltar apenas dois pontos centrais, que são grandes ausências em nosso modo de habitar o mundo: a cosmovisão harmônica com todos os seres e sua fascinante antropologia centrada no coração.

A sabedoria maya vem da mais alta ancestralidade, sendo conservada pelos avós e pelos pais. Como não passaram pela circuncisão da cultura moderna, guardam com fidelidade as antigas tradições e os ensinamentos, consignados também em escritos como no *Popol-Vuh* e nos livros de Chilam Balam.

A intuição básica de sua cosmovisão se aproxima muito da moderna cosmologia e da Física Quântica. O universo é construído e mantido por energias cósmicas pelo "Criador e Formador de tudo". O que existe na natureza nasceu do encontro de amor entre o "Coração do Céu e o Coração da Terra". A Mãe Terra é um ser vivo que vibra, sente, intui, trabalha, engendra e alimenta todos os seus filhos e filhas.

A dualidade de base entre formação e desintegração (nós diríamos entre caos e cosmos) confere dinamismo a todo o processo universal. O bem-estar humano consiste em estar permanentemente sincronizado com esse processo e cultivar um profundo respeito diante de cada ser. Então ele se sente parte consubstancial da Mãe Terra e desfruta de toda sua beleza e proteção. A própria morte não é inimiga: é um envolver-se mais radicalmente com o universo.

Os seres humanos são vistos como "os filhos e as filhas esclarecidos, os averiguadores e buscadores da existência". Para chegar à sua plenitude o ser humano passa por três etapas, verdadeiro processo de individuação.

Ele poderá ser "gente de barro": pode falar, mas não tem consistência face às águas, pois se dissolve. Desenvolve-se mais e pode ser "gente de madeira": tem entendimento, mas não tem alma que sente, porque é rígido e inflexível como a madeira. Por fim, alcança a fase de "gente de milho", que "conhece o que está perto e o que está longe", mas sua característica é ter coração. Por isso "sente perfeitamente, percebe o universo, a Fonte da vida" e pulsa ao ritmo do Coração do Céu e do Coração da Terra.

A essência do humano está no coração, naquilo que estamos enfatizando ao longo de nossas reflexões: na razão cordial e na inteligência sensível. É dando centralidade a estas dimensões que podemos garantir um futuro cheio de esperança e encontrar luzes para os nossos problemas.

Auscultando esta sabedoria tão holística e humanizadora nos descobrimos velhos e superados. Eles são os novos e os portadores daquelas visões e sonhos que sempre, em tempo de crise, salvaram a humanidade.

4.5 Formas alternativas de produção a partir do cuidado

O cuidado não pode permanecer um conceito e um paradigma meramente teórico, pois ficaria abstrato e descolado da realidade concreta. Só se torna realmente um paradigma se consegue lançar raízes tão profundas na realidade, que começa a transformá-la para começar a ser outra coisa.

A consciência ecológica alimentou a fantasia criadora, pois por todas as partes no mundo estão sendo introduzidas novas formas de relação para com a natureza, maneiras mais benevolentes de tratar os recursos escassos e hábitos mais simples e solidários de consumo. Fez-se a experiência concreta que podemos viver mais e melhor com menos.

O *marketing*, a grande arma de sedução no capitalismo, conseguiu criar uma subjetividade coletiva que se acostumou ao consumo. Ele produziu uma cultura do consumo que virou consumismo. Nesta perspectiva, as pessoas compram e consomem coisas das quais, em grande parte, não precisam. Basta constatar que 95% do que é oferecido nos *shoppings*, verdadeiros templos do consumo humano, não são necessários para se viver com dignidade. Desses supérfluos se alimenta e se reproduz o sistema hoje globalizado. É ele que estressa a Terra, extenua os recursos escassos, especialmente o mais importante deles, que é água potável (somente 3% é agua doce, e, destes, apenas 0,7% é acessível ao consumo humano). Um dia este estilo de vida desmedido encontrará o seu limite e também o seu completo fracasso. Problema à parte, destacamos a forma como tratamos os dejetos que nossa civilização produz e que constitui grave ameaça ao equilíbrio físico-químico da Terra.

Não é o caso de elencarmos as principais iniciativas que estão ocorrendo em todos os quadrantes para mostrar que o novo paradigma do cuidado já é mais do que uma semente. Ele está se tornando uma pequena árvore, mostrando-se vocacionado a ser um jardim florido e, quem sabe, uma soberba floresta.

Um primeiro passo, como expressão do cuidado, são os vários erres enunciados pela *Carta da Terra*: *r*eduzir, *r*eutilizar, *r*eciclar tudo o que é consumido. Apraz-nos acrescentar outros erres: *r*espeitar cada ser por seu valor intrínseco, *r*ejeitar todo tipo de propaganda que incita o consumo e *r*eflorestar o mais que pudermos, porque cada planta regenera a Terra, sequestra dióxido de carbono, devolve-nos oxigênio, entregando-nos flores, frutos e biomassa.

Decidir-se por um consumo comedido e solidário pelo qual espiritualmente entramos em comunhão com todos aqueles condenados a um consumo insuficiente, além de economizar recursos naturais para a atual e as futuras gerações. O ecossocialismo propõe uma sociedade na qual o consumo é regulado pelos limites de cada ecossistema, pela capacidade de regeneração dos bens e serviços utilizados, atentos sempre às demandas das próximas gerações.

Outra forma é a produção de produtos orgânicos pelas pequenas e médias empresas, excluindo todo tipo de agrotóxicos e a transgenia.

Em muitos países surgiu a experiência, relativamente bem-sucedida, das agrovilas. Famílias e pessoas que se decidem a viver e a produzir comunitariamente, dentro de preceitos ecológicos e com um sentido de participação e distribuição de tudo o que produzem, seja em bens naturais, seja em arte, seja em saberes de natureza distinta. Ensaia-se uma miniatura de um mundo que, formado em redes de agrovilas, poderia conferir outra qualidade à vida com sentido de respeito à Mãe Terra, e imbuído por uma aura de espiritualidade.

Outra iniciativa, fruto do cuidado consciente, foi sugerida e praticada por Chico Mendes. É o *extrativismo*, quer dizer, manter a floresta em pé e aproveitar tudo o que ela produz em frutos, alimentos, substâncias medicinais, corantes, óleos e outros ingredientes para cosméticos. É neste contexto que cabe introduzir uma pequena reflexão sobre um ensaio de cuidado nascido da ecologia do cuidado no Brasil: a florestania.

Cidadania se deriva de cidade e *florestania*, de floresta. Palavra nova, criada pelo governo do Estado do Acre (parte da Amazônia nos limites da Bolívia e do Peru), sob a inspiração do ex-governador, depois senador e competente engenheiro agrônomo, Jorge Viana. Com sua equipe de prática e de reflexão criou-se coletivamente o conceito de *florestania*, representando um olhar novo sobre o desenvolvimento e a cidadania no contexto da Floresta Amazônica.

Implementa-se cidadania dos povos da floresta, que se traduz por investimentos públicos na educação, na saúde, no lazer e nas formas de produção extrativista, tendo como referência maior a *floresta*.

Floresta e ser humano vivem um pacto socioecológico na qual ela passa a ser um "novo cidadão", respeitado em sua integridade, biodiversidade, estabilidade e luxuriante beleza junto com os outros cidadãos humanos. Ambos são beneficiados – povo e floresta –, pois abandona-se a lógica utilitarista da exploração e se assume a lógica da mutualidade que implica respeito mútuo e sinergia.

Esta vontade política abre espaço para um enriquecimento possível do conceito de cidadania a partir da reflexão ecológica mais avançada. Agora trata-se da *florestania* não só como cidadania *na* floresta, mas como cidadania *da* floresta. "A floresta enquanto floresta é vista como sujeito e como cidadão."

Impõe-se, portanto, a ampliação da personalidade jurídica da floresta, dos ecossistemas e da Terra como Gaia. Bem disse o já citado pensador francês Michel Serres: "A Declaração dos Direitos do Homem teve o mérito de dizer 'todos os homens têm direitos' e o defeito de pensar 'só os homens'. Os indígenas, os escravos e as mulheres tiveram que lutar para serem incluídos em 'todos os homens'" (Serres. *O contrato natural*, p. 49). E hoje esta luta inclui as florestas e outros seres da natureza, também "sujeitos de direitos" e, por isso, novos membros da sociedade ampliada. Por fim, há que se incluir a própria Terra como Gaia, superorganismo vivo, no rol dos cidadãos, melhor, como a Mãe comum, geradora de cidadãos, como expusemos nas páginas anteriores. Ela seria aquela realidade cidadã que cria as condições para todos os outros tipos de cidadania.

Com efeito, depois de termos criado a devastação da Terra-Gaia, não podemos mais excluí-la do novo pacto social, como o fizeram no passado Hobbes, Rousseau e Kant e outros pensadores no presente. Estes davam e dão por descontado o futuro da Terra. Hoje não é mais assim. Devastada a Terra-Gaia, não há mais base para qualquer tipo de contrato e de cidadania. Se quisermos sobreviver juntos, a democracia também deve ser socioambiental, biocracia e cosmocracia.

O fundamento teórico para essa ampliação da cidadania nos é fornecido pelas ciências da Terra. Elas nos asseguram que o universo não resulta da soma de todos os seres existentes e possíveis, como se estivessem justapostos uns aos outros, mas todos eles se encontram inter-retro-conectados.

O universo é o conjunto articulado das conexões de tudo com tudo em todos os pontos e momentos. Todos os seres não são apenas portadores de massa e de energia, mas também de informação trocada, retrabalhada e estocada de um jeito singular e próprio a cada ser. A partir disso admitem eminentes cientistas que o universo e cada ser são portadores de níveis diversificados de consciência e possuem algum tipo de subjetividade.

A diferença entre a subjetividade humana e aquela do universo ou das florestas não é de *princípio*, mas de *grau* (Swimme e Berry. *The Universe Story*, p. 243). Em nós, em grau altamente complexo e, por isso, autoconsciente; no universo e na floresta amazônica num outro, menos complexo, mas igualmente com grau próprio de consciência e de subjetividade. Por isso, a floresta interage, sente, sofre, alegra-se, dá seus sinais, responde e nos dá lições, algumas sábias e outras duras. Mas mostra que ela quer ser escutada, atendida, respeitada e incluída no cuidado humano.

Se a florestania for assumida em sentido amplo, como postulado aqui, enquanto cidadania *na* floresta e *da* floresta, assistiremos a algo inédito no mundo. Na região da maior biodiversidade do planeta, na Floresta Amazônica, será inaugurado um novo ensaio civilizatório, fundado no cuidado e na biofilia, referência possível para as demais florestas tropicais da Terra, assumidas como cidadãs. E comprovar-se-á a realidade de um desenvolvimento não predatório, de um ser humano feito anjo bom da Terra, e não o seu satã ameaçador.

O cuidado das pessoas, das sociedades e da natureza será a atitude mais adequada e imprescindível para a nova fase da história da humanidade e da própria Terra.

4.6 O *bien vivir*: outro modo de habitar a Terra

O conceito de florestania nos cria a oportunidade de tratarmos de uma outra forma de habitarmos a Terra mediante o *bien vivir*.

Mas, antes, voltemos a esclarecer o que significa a nova forma de habitar a Terra. Assumimos a expressão no sentido heideggeriano de estar-no-mundo-com-as-coisas, estabelecendo com elas relações de interação e também de produção de nossa própria existência, dentro dos parâmetros do cuidado e da preocupação de preservação dos bens para nós e para as futuras gerações (cf. Gadotti. *Pedagogia da Terra*, p. 189-203).

Nosso paradigma moderno se orientou por uma relação objetivante e utilitarista para com a Terra, não reconhecendo-lhe qualquer dignidade ou valor intrínseco. Nele imperou o antropocentrismo no sentido de que as coisas e a Terra como um todo só possuem valor na medida em que servem aos propósitos humanos, que já nos albores dos tempos modernos foram bem estabelecidos: dominar a Terra, subjugar os povos, adonar-se de suas riquezas em função da acumulação de opulência e de poder, na convicção de que esta prática trouxesse progresso e felicidade aos seres humanos. O resultado pode ser medido atualmente pelo desequilíbrio geral dos sistemas que sustentam a vida e pelas ameaças que pesam como uma espada de Dâmocles sobre todas as sociedades.

O progresso de um país era medido pelo Produto Interno Bruto (PIB), um critério puramente material. Imaginava-se que, quanto maior fosse o PIB de um país, mais capacidade de progresso e de felicidade podiam ser propiciados aos cidadãos. Depois, para conferir um caráter mais humanístico a essa medida, foram introduzidos os Índices de Desenvolvimento Humano (IDM) e a qualidade de vida das populações. Buscava-se viver cada vez melhor, na medida em que mais se podia consumir e dispor de meios materiais. Mas nesse ponto surgiu uma contradição: para que alguns pudessem viver melhor, milhões tinham que viver pior.

Em termos civilizatórios e humanísticos, esse propósito moderno está sendo encerrado num fenomenal fiasco, pois se quiséssemos universalizar a qualidade de vida para toda a humanidade (sentido de equidade e de justiça mínima), deveríamos dispor de pelo menos três planetas Terra semelhantes a este que temos. O que é notoriamente impossível, além de ridículo.

É nesse contexto que os povos andinos criaram, ao longo de sua história – atribulada por perseguições, marginalizações e extermínios pelos invasores europeus –, a categoria *bien vivir* (*sumak kawsay*), para expressar a sua forma de habitar o planeta e e relacionar-se com ele (Mamani. *Buen vivir/vivir buen*).

O *bem-viver* visa uma ética da suficiência e da decência para toda a comunidade, e não apenas para o indivíduo. O *bem-viver* supõe uma visão holística e integradora do ser humano inserido na grande comunidade terrenal que inclui, além dele, o ar, a água, os solos, as montanhas, os lagos, as árvores e os animais. Consiste em buscar um caminho de equilíbrio e estar em profunda comunhão com a Pacha Mama (Terra), com as energias do universo e com Deus.

A preocupação central não é acumular. De mais a mais, a Mãe Terra nos fornece o que precisamos. Nosso trabalho supre o que ela não nos pode dar ou com ele a ajudamos a produzir o suficiente e decente para todos, também para os demais seres da natureza.

Bem-viver é estar em permanente harmonia com o Todo, celebrando os ritos sagrados que continuamente renovam a conexão cósmica e com Deus. Por isso, no *bem-viver* há uma clara dimensão espiritual com os valores que a acompanham, como o sentimento de pertença ao Universo, compaixão para com os que sofrem, solidariedade entre todos, capacidade de sacrificar-se pela comunidade.

O *bien vivir* se aplica até às coisas mais cotidianas da vida, e nesse ponto ele mostra a forma nova de habitar a Terra. Mamani, um dos principais sistematizadores do *bien vivir*, assim expressou os treze saberes cotidianos: saber alimentar-se; saber beber; saber dançar (estabelecer uma conexão cósmico-telúrica); saber dormir; saber trabalhar; saber meditar (entrar num processo de introspecção); saber pensar (a partir do coração); saber amar e deixar-se amar; saber falar bem; saber escutar (com todo o corpo); saber sonhar (tudo começa com um sonho); saber caminhar (com o vento, com a Terra e com os ancestrais); saber dar e saber receber (viver a mutualidade e a economia do dom) (cf. Mamani. *Buen vivir/vivir buen*, p. 46-48).

Como se depreende, o *vivir bien* implica toda a vida e especialmente o seu aspecto comunitário. Ele não existe sem a comunidade. Por isso, o *bem-viver* serve de base para um outro tipo de socialismo, diferente daquele ensaiado e fracassado no século XX, que nunca foi realmente socialismo, mas capitalismo de Estado. "É o socialismo do bem-viver, da democracia comunitária, democracia da Terra (De Marzo.

Buen vivir, p. 125-151), da participação de todos e do respeito para com a natureza.

Esse conceito do *bem-viver* vem enriquecer a ideia de democracia como a conhecemos, como democracia eleitoral, participativa e delegativa, que, na verdade, é uma democracia parcial, porque fica só na rua e para na frente da porta das fábricas, onde reina a ditadura do capital. Aqui se trata de uma democracia comunitária, no sentido de que toda a comunidade é chamada a participar e encontrar soluções, as mais integradoras possíveis.

O *bem-viver* nos convida a não consumir mais do que o ecossistema pode suportar, a evitar a produção de resíduos que não podemos absorver com segurança e nos incita a reutilizar e reciclar tudo o que tivermos usado. Será um consumo reciclável e frugal. Como decorrência, não haverá escassez.

Nesta época de busca de novos caminhos para a humanidade, o *bem-viver* oferece elementos para uma solução que deve incluir todos os seres humanos e toda a comunidade de vida.

Ele é acusado de ser impraticável em grande escala e de ser demasiadamente utópico. Talvez, neste período, ele seja de difícil universalização. O velho sistema doente custa morrer; o novo emergente tem dificuldades em nascer (Gramsci). Mas possivelmente, após a grande crise que supomos vir de modo inevitável, e que irá atingir os fundamentos de nossa existência neste planeta, esta ideia do *bem-viver* poderá ser altamente inspiradora.

O que querem, finalmente, os seres humanos? O que os faz felizes? Querem ter garantida a vida; quando doentes, poderem ser tratados; viverem de seu trabalho honesto; cuidarem com amor e carinho de seus filhos; oferecer-lhes uma educação que os introduza nos caminhos da vida; gozarem da generosidade, dos frutos da terra; terem, quando idosos, existência digna e protegida. Querem ser singelamente felizes e estar em harmonia com outros seres humanos, com a natureza e com a dimensão mais transcendente da existência, quer dizer, com Deus, que lhes dá uma promessa de vida para além da vida.

Este é o propósito do *bem-viver*. Como Victor Hugo disse belamente: "Existe algo mais poderoso do que todos os exércitos do mundo: uma ideia cujo momento chegou" (cf. Müller. *O nascimento*, p. XV). O *bem-viver* é uma ideia generosa, universalizável e uma promessa de vida para a Terra e para a humanidade. O momento dela está chegando.

4.7 O alimento do cuidado: a ecologia interior

O cuidado exige um sentimento profundo de conexão com a Terra e com a totalidade dos seres. Essa dimensão é articulada pela ecologia interior, também chamada de ecologia profunda (*deep ecology*). O conhecido biólogo E. Wilson cunhou a expressão *biofilia* como aquele cuidado amoroso para com todas as formas de vida, hoje ameaçadas (cf. Wilson. *A criação*, p. 75).

Sua base não é somente antropológica, mas também cosmológica. Pois o próprio universo, segundo renomados astrofísicos como Brian Swimme, teria uma profundidade espiritual. Ele não é feito do conjunto dos objetos, mas da teia de relações entre eles, fazendo-os sujeitos que trocam entre si informações e se enriquecem. Por isso, a subjetividade e a consciência pertencem também ao processo da evolução.

A partir da ecologia interior, a Terra, o Sol, a Lua, as árvores, as montanhas e os animais não estão apenas aí fora, mas vivem em nós como figuras e símbolos carregados de emoção. As experiências benfazejas ou traumáticas que tivemos com essas realidades deixaram marcas profundas na psique. Isso explica aversão a algum ser ou afinidade com outro.

Tais símbolos fundam uma verdadeira arqueologia interior, cujo código de decifração constituiu uma das grandes conquistas intelectuais do século XX, como o fizeram Freud, Jung, Adler, Lacan, Hillmann e outros. No mais profundo, consoante C.G. Jung, brilha o arquétipo da *Imago Dei*, do Self.

Ninguém melhor do que Viktor Frankl, sobrevivente do holocausto nazista, trabalhou essa dimensão que ele chama de *inconsciente espiritual* e os modernos de *mystical mind* ou *ponto Deus* no cérebro. Esse inconsciente espiritual, em último termo, é expressão da própria espiritualidade da Terra e do universo, que irrompe a partir de nós, porque somos a parte consciente do universo e da Terra (Zohar. *A inteligência espiritual*).

É essa profundidade espiritual que nos faz entender, por exemplo, a exemplar atitude ecológica dos indígenas Sioux dos Estados Unidos. Eles se deleitam, em algumas festas rituais, com certo tipo de feijão. Este cresce fundo no solo e é de difícil colheita. O que fazem os Sioux? Aproveitam-se dos estoques que uma espécie de rato das pradarias da região faz para seu consumo no inverno. Sem essa reserva correriam sério risco de morrer de fome.

Ao tomar seus feijões, os indígenas Sioux têm clara consciência de que estão rompendo a solidariedade para com o irmão rato e que o estão roubando. Por isso, fazem comovente oração: "Tu, ratinho, que és sagrado, tenha misericórdia de mim. Tu és, sim, fraco, mas forte suficiente para fazeres o teu trabalho, pois forças sagradas se comunicam contigo. Tu és também sábio, pois a sabedoria das forças sagradas sempre te acompanham. Que eu possa ser também sábio em meu coração para que esta vida sombria e confusa seja transformada em permanente luz" (Boff. *Grito da Terra*, p. 213).

E como sinal de solidariedade e de cuidado amoroso, ao retirar o feijão, deixam em seu lugar porções de toucinho e de milho. Os Sioux sentem-se unidos espiritualmente aos ratos e a toda a natureza.

Esse espírito de mútua pertença e de cuidado recíproco urge ressuscitar, porque o perdemos pelo excesso de individualismo e de competição que subjazem ao paradigma atual.

O sistema imperante exaspera o desejo de ter à custa de outro mais fundamental, que é o de ser e o de elaborar a nossa própria singularidade. Isso demanda capacidade de se opor aos valores dominantes e de viver ideais ligados à vida, ao seu cuidado, à amizade e ao amor. A ecologia interior procura acordar o xamã que se esconde dentro de cada um de nós. Como todo xamã, podemos entrar em diálogo com as energias que trabalham na construção do universo há 13,7 bilhões de anos, reforçá-las e viver em harmonia com elas (Boff. *Meditação da Luz*, p. 23-35). O xamã, não apenas os homens, mas também as mulheres, mesmo jovens, conseguem encontrar o ponto de equilíbrio entre os vários conflitos e conservar profunda serenidade e capacidade de sorrir, mesmo em meio às lágrimas vertidas por causa da dor inerente à vida e ao amor.

Sem uma revolução espiritual será difícil sairmos da atual crise que exige um novo acordo com a vida e com a Terra. Como dizíamos, temos que articular o pacto natural com o pacto social. Caso contrário, seguiremos errantes e solitários, não sabendo que caminho tomar para levar a vida adiante.

5

Para uma ética do cuidado necessário

*T*odo paradigma que, por sua natureza, molda uma forma de estar-no-mundo-com-outros, implica necessariamente uma ética, quer dizer, um conjunto de princípios, de valores, indicações, de hábitos e de práticas que ordenam a vida particular e social de um determinado grupo.

Os discursos éticos dominantes são fortemente marcados pelas culturas em que foram formulados. Elas viviam, até o advento da planetização, fechadas sobre si mesmas. Por isso, as respectivas visões éticas não podiam ser aplicáveis para outras culturas. A fase planetária da humanidade exige um discurso ético que se funde em algo realmente universal e que se encontre presente em cada uma e em todas as pessoas. É a condição de sua validade universal e de estar em sintonia com a própria natureza da planetização.

Estimamos, em razão de todas as reflexões que fizemos até agora, que o cuidado oferece a base para um discurso ético universal. A razão principal disso reside no fato de o cuidado pertencer à essência concreta do ser humano (*Da-*

sein) e também se apresentar como resposta mais abrangente e necessária à crise ecológica que afeta todo o sistema-Terra.

Para que apareça toda sua importância e capacidade de resposta faz-se mister precisá-lo, aprofundá-lo e também confrontá-lo dialeticamente com o outro discurso ético que sempre dominou na cultura ocidental, dos gregos até hoje, que é o discurso da ética da justiça, de certa forma universalizado.

Cuidado e justiça se distinguem, possuem lógicas diferentes, mas não se opõem. Eles se compõem. Precisamos de ambos para dar conta da complexidade dos problemas atuais.

Tentemos, primeiramente, abordar os dois paradigmas éticos, o da justiça e, em seguida, o do cuidado, para melhor compreendê-los e articulá-los criativamente.

5.1 A ética da justiça e seu substrato masculino

Ajudam-nos duas categorias básicas para esclarecer as singularidades de cada um dos paradigmas éticos. Trata-se do masculino e do feminino, ou da *anima* e do *animus*, como dimensões antropológicas do humano, subjacentes ao ser da mulher e ao ser do homem. Interessa-nos desenvolver uma visão holística e includente que abarque as duas forças que entram na construção da identidade humana, seja do homem, seja da mulher.

Chamamos atenção para uma compreensão errônea que deve ser, de saída, evitada. Não se pode identificar masculino (*animus*) com o homem. O masculino está presente também na mulher em seu modo próprio. Da mesma forma, não se pode identificar feminino (*anima*) com a mulher, porque o homem também possui a sua porção feminina, de seu jeito próprio.

Masculino e feminino sempre estão presentes em cada ser humano, mas em dosagens diferentes (como o número de pares minimamente diferente de cromossomos no homem e na mulher o comprova) e formas de concretização específicas.

A relação entre ambos não é de complementaridade, como se cada um fosse em si incompleto e somente juntos se complementariam. Cada um deles é completo, mas ambos, homem e mulher, são recíprocos, porque sempre se encontram relacionados (Boff e Muraro. *Feminino e masculino*). Com isso queremos contornar críticas injustificadas de que estamos fazendo um velho discurso ora machista ora feminista, operando uma distribuição unilateral de qualidades para cada sexo.

Nosso discurso resulta da reflexão contemporânea e transcultural que aprofundou estas duas determinações, a do *animus* e da *anima*, presentes em cada ser humano.

Iniciemos, pois, com a ética da justiça, embasada na experiência do masculino, especialmente, mas não exclusivamente, feita pelos homens. O masculino (*animus*) se mostra mais explicitamente pela utilização da razão analítica, pela busca do objeto em si, pelo trabalho, pela abertura de caminhos, pela superação de dificuldades, pela vontade de poder e pela utilização da força para alcançar seus objetivos. Todas estas características se encontram também no feminino (*anima*), mas numa dosagem diferente e de maneira distinta.

Mas importa sermos críticos. A reciprocidade natural e ideal entre masculino e feminino não se manteve. Ela foi rompida historicamente e se instalaram relações de subordinação; portanto, desiguais, e também desumanizadoras.

Notoriamente ainda vivemos, desde o neolítico (cerca de 8-10 mil anos atrás), sob a era do masculino e sob a forma do pai e do patriarca. Consequentemente, a ética foi formulada na linguagem do homem, que ocupava o espaço público e detinha o poder. Ela se expressou por princípios, imperativos, normas, ordenações e ideais que culminaram no tema da *justiça*. Usou como instrumento de construção o *logos*, a razão.

O lugar da mulher foi praticamente marginalizado, e sua voz foi silenciada ou não foi ouvida, embora estivesse sempre presente, também fazendo história. Só que esta não era computada no sentido de uma compreensão mais completa da ética. Por isso, a ética da justiça é, de saída, manca e insuficiente por não incluir o modo de ser e a experiência existencial da mulher.

Abstraindo de outros nomes, escolhemos dois representantes clássicos que nos permitem entender a temática da justiça: a tradição aristotélico-tomista e o pensamento do norte-americano J. Rawls (1971). Entre nós, no Brasil, notabilizou-se Olinto Pegoraro com seu livro, calcado na melhor tradição do Ocidente, *Etica é justiça* (1995).

Aristóteles é seguramente seu primeiro e genial formulador, no nível individual (*A etica a Nicômaco*) e no nível social (*A política*).

No nível pessoal, parte de uma constatação válida para todos os seres: todos buscam seu bem porque neles age uma energia interna que sempre procura sua plena expressão e realização, que é exatamente o bem desejado: a felicidade.

O ser humano, animal racional, da mesma forma busca a felicidade, o seu bem. Para consegui-lo precisa equacionar um conflito de base entre a paixão (reino do *Pathos* e do *Eros*) e a razão (reino do *Logos* e do *Ethos*).

A razão, para Aristóteles, é rainha e tem por tarefa disciplinar a virulência da paixão. Mas não de qualquer jeito. O controle não pode ser nem demais, senão ela se rebela, nem de menos, senão ela continua avassaladora. Tudo deve ser feito na justa medida, que é o ótimo relativo. Encontrar esta justa medida é obra da razão prudente, transformada em sabedoria prática.

O resultado dessa diligência da razão é o surgimento das virtudes. Estas são os efeitos da paixão com seus muitos afetos, educada e moderada pela justa medida imposta pela razão.

Assim, por exemplo, a virtude da coragem é a justa medida entre a covardia e a audácia. Modera a covardia para não fugirmos dos riscos e também modera a audácia para não nos expormos afoitamente a eles.

A justa medida, sendo uma das características do cuidado, é sinônimo de justiça. Esta, a justiça, entra em todas as virtudes, exatamente para serem virtudes, por resultarem do equilíbrio entre o mais e o menos. Aristóteles diz enfaticamente: "A justiça encerra todas as virtudes" (*Ética a Nicômaco*, V, 3, 1.130b). Faz o seguinte elogio da justiça, posteriormente retomado por Tomás de Aquino: "A justiça é a mais sublime das virtudes; nem a preclaríssima estrela vespertina nem a luminosíssima estrela matutina brilham como a justiça" (*Ética a Nicômaco*, V, 3, 1.130b; • Tomás de Aquino. *In decem libros ethicorum Aristotelis ad Nicomachum expositio*, V, 906).

Não queremos entrar na exposição, por demais conhecida, das três formas de justiça, aquela que se realiza entre os cidadãos (justiça comutativa), aquela do Estado para com os cidadãos (justiça distributiva) e dos cidadãos para com o Estado (justiça legal ou comum).

Conclusão deste rápido percurso racional: o bem e a felicidade do ser humano se derivam de uma vida segundo a justiça, ornada pelas virtudes. O grau de realização da justiça e das virtudes é o grau de realização da felicidade. Esta constitui a dimensão individual.

Mas o ser humano também é essencialmente um "animal político", quer dizer, um ser social que vive em comunidade e que habita instituições. O seu bem não pode se realizar apenas na esfera individual. O homem solitário, assevera Aristóteles, "ou é uma divindade ou uma besta" (*Pol.* I, 2, 1.253). O bem humano encontra sua plenitude participando da construção da comunidade e da sociedade.

Também aqui emerge a justiça como determinante. Primeiro, como virtude do cidadão, que tem o direito de participar da *polis* (sociedade) e ajudar a moldá-la com leis justas. Em seguida a justiça entra como princípio ordenador das instituições para que elas sejam equânimes, garantam a cada um o que é seu e distribuam com justa medida os ônus e os bônus da sociedade (Blüm. *Gerechtigkeit*, p. 27-42).

Uma sociedade não pode ser boa se não for constituída por cidadãos bons, quer dizer, amantes da justiça. Aqui, esta é a disposição consciente e voluntária do cidadão de buscar o bem social, de observar o que as leis prescrevem. Disto resulta a felicidade social.

Em seguida, a justiça é o princípio ordenador das instituições sociais que se regem por leis justas. A justiça legal faz com que as instituições, em seu funcionamento, produzam o bem comum, que é a felicidade coletiva.

A justiça legal regula as relações entre os cidadãos livres e iguais, que estabeleceram um consenso sobre leis comumente aceitas. Neste caso, a lei determina que a justa medida da ação virtuosa seja o tratamento igual para todos. "A injustiça consiste na desobediência à lei e no tratamento desigual entre iguais" (Aristóteles. *Ética a Nicômaco*, V, 2, 1.129). Tratar igualmente os desiguais é fazer-lhes injustiça, porque fere a justa medida.

Portanto, o bem buscado na sociedade reside no viver segundo a justiça, em conformidade com a lei e no respeito à igualdade. O mal surge quando se contraria a lei e se destrói a igualdade.

Aristóteles, no entanto, é suficientemente realista para se dar conta de que nem tudo é coberto pela lei. Quando ocorrem casos especiais não previstos na lei, já que a vida é sempre cambiante e desborda os limites da lei, o que fazer? Tanto Aristóteles quanto Tomás de Aquino respondem: "Em tais casos assiste-nos o direito de corrigir a omissão e fazermo-nos intérpretes da intenção do legislador. Isso se chama equidade ou epiqueia, que é um complemento da justiça. É a atitude de buscar a justa medida, flexibilizando a lei, interpretando-a ou determinando, em cada caso, o que parece ser justo e o mais adequado.

Essa atitude criativa e nada legalista se torna compreensível se entendermos que para Aristóteles e para Tomás de Aquino a lei não resulta do arbítrio do legislador, por mais sábio que seja. A lei emerge da própria natureza humana que, por uma força interna, busca o seu bem pleno, que se dá na felicidade. O legislador é um intérprete provisório dessa busca.

A vida ética e feliz consiste na prática da justiça em nível pessoal (como virtude) e em nível social (como princípio ordenador) com toda a corte de virtudes que a acompanha. Esta é a posição clássica da tradição aristotélico-tomista, ainda fortemente presente nos dias atuais.

Immanuel Kant, outro clássico da ética, não se orienta pelo tema da justiça, porque, filho da Modernidade, para a qual o sujeito é o grande valor, privilegia o direito e a dignidade do ser humano, tido como fim em si mesmo. Para ele, como observou com acerto Olinto Pegoraro, "a melhor forma de governo não é aquela na qual é mais agradável viver, mas aquela que mais garante os direitos dos cidadãos; quando o Estado afrouxa a garantia da liberdade em proveito do bem-estar, ele cai na injustiça; as leis que visam a felicidade do cidadão são legítimas, mas apenas como meio para garantir o Estado jurídico de direito" (Pegoraro. *Ética é justiça*, p. 67).

Outro nome que merece ser referido é o de J. Rawls, pensador norte-americano. Toda sua reflexão versa sobre a justiça política, como a expõe em sua volumosa *Teoria da justiça* (1971). Para ele, a justiça não é, em primeiro lugar, nem uma virtude nem um direito, mas um princípio fundador de uma sociedade bem ordenada.

Ele também parte de um conflito de base: a limitação dos recursos que uma sociedade tem a oferecer e o apetite desmesurado dos cidadãos para usufruí-los. Como encontrar aqui uma justa medida? Para Rawls, a justiça política é o princípio que ordena a distribuição equitativa dos bens limitados. Conscientemente, opondo-se ao utilitarismo dominante na cultura ética norte-americana, afirma: "Cada pessoa tem sua inviolabilidade fundada na justiça que, mesmo em nome do bem-estar do conjunto da sociedade, não pode ser violada; por este motivo, a justiça proíbe que a perda da liberdade de alguns possa ser justificada pela obtenção de um maior bem para todos os outros" (*A Theory of Justice*, § 1, p. 4-6).

Rawls não empreende propriamente uma discussão com a tradição ética da justiça, exceto com referência a Kant, que pouco trata do tema, mas avança seu pensamento criativamente, tendo em vista os direitos e as liberdades das sociedades democráticas modernas. A tese principal de Rawls soa: "A justiça é a primeira virtude das instituições sociais, como a verdade o é para os sistemas de pensamento" (*A Theory of Justice*, § 1, p. 3-4).

O que o preocupa é o aspecto de distribuição das vantagens e dos ônus sociais (*A Theory of Justice*, § 1, p. 2-7). Por isso, para ele, justiça é fundamentalmente equidade (*justice as fairness*), o estabelecimento de princípios de justiça visando servir de regras para uma sociedade bem ordenada, na qual se espera que cada cidadão aja com justiça e contribua para a conservação das instituições justas (*A Theory of Justice*, § 2, p. 8).

Como se depreende, este tipo de justiça supõe uma espécie de contrato social pelo qual "os cidadãos devem decidir previamente as regras pelas quais vão arbitrar suas reivindicações mútuas e apresentar a carta fundadora da sociedade, por meio da qual se decide o que deve ser considerado justo ou injusto" (*A Theory of Justice*, § 3, p. 13).

Para Rawls, uma sociedade é bem ordenada quando garante, como direito para todos, uma liberdade de base, a mais ampla possível. Há, entretanto, o fato das desigualdades sociais. Como fica a justiça política? Rawls responde: Realisticamente, as desigualdades são de todo insuperáveis. Mas elas podem ser toleráveis desde que a sociedade se organize de tal forma que em tudo beneficie o mais possível os prejudicados e que procure sempre maximizar sua condição mínima (cf. *A Theory of Justice*, § 44, p. 285-287).

Quanto aos cargos públicos que trazem consigo diferenciações e até privilégios, afirma Rawls: Todos os cidadãos devem ter igual opotunidade de acesso a tais cargos, e ninguém pode ser excluído por circunstâncias de sexo, cor, idade, convicção política ou condição econômica (cf. *A Theory of Justice*, § 11).

A contribuição de Rawls é apreciável. Mas há um limite interno, pois, para ele, a justiça política se refere principalmente à ordem fundamental da sociedade, ao seu aspecto jurídico (legalidade), e menos às disposições internas das pessoas que se propõem viver a justiça subjetivamente; portanto, ao seu aspecto moral. Direito e moralidade não são claramente distinguidos. Para Rawls, "o fim da justiça não é o bem e a felicidade do indivíduo, mas a ordem jurídica" (*A Theory of Justice*, § 68, p. 447). Esta ordem jurídica, entretanto, "corresponde à sociabilidade humana, pois uma sociedade bem ordenada é uma forma de comunidade: a sociedade é uma comunidade de comunidades" (*A Theory of Justice*, § 79).

Esta ética da justiça é enriquecida pela reflexão cristã de Tomás de Aquino (*In decem libros ethicorum Aristotelis ad Nicomachum expositio.* • *Summa Theologiae*). Baseia-se na *Ética a Nicômaco* de Aristóteles, mas assevera que acima da justiça está o amor à humanidade e a todos os seres. O amor ao próximo é a regra de ouro, a suprema norma da conduta verdadeiramente humana, porque abre desinteressadamente o ser humano ao outro a ponto de até se sacrificar por ele.

Esta é a justiça maior de que fala Jesus, porque tributa amor e respeito Àquele que se esconde atrás do outro, que é Deus. Assim, a ética da justiça ganha um fundamento mais sólido que lhe garante mais efetividade e flexibilidade. Estas permitem ir além do prescrito pelas leis justas.

Como se depreende, com a ética da justiça nos confrontamos com uma maneira de argumentar própria dos homens que usam a razão e a dialética para criar sua arquitetônica, cujo ponto fulcral é a justiça. Esta forma não constitui uma falha, mas uma marca, a marca do masculino. Foi a dimensão do masculino nos homens que criou o Estado, as leis, o senso da justiça legal, as instituições de cunho patriarcal, os exércitos e, finalmente, a guerra.

Mas constata-se uma ausência: o cuidado não é pensado como tema, embora Heidegger detectasse este cuidado em Aristóteles ao abordar as várias práticas humanas. Mas ele está totalmente ausente na abordagem da justiça no modo masculino.

Isso se deve seguramente ao fato de que a mulher foi desconsiderada e sua experiência específica dos valores não foi levada suficientemente em conta. Seu modo de ser, de sentir e de organizar a realidade, especialmente, ficou de menos na ética da justiça, que é o cotidiano das pessoas, no qual se realiza grande parte da vida. Elas são mais sensíveis ao cuidado do que à justiça. O cuidado, como veremos logo a seguir, organiza de outra forma as relações curtas entre as pessoas e as relações longas entre as instituições.

5.2 A ética do cuidado e seu substrato feminino

Junto com a voz da justiça importa escutar a voz do cuidado. Algumas filósofas norte-americanas trabalharam com profundidade essa questão: Carol Gilligan (1982), Nel Noddings (1984, 1999, 2000), Annete C. Baier (1995) e M. Mayeroff (1971), entre outros e outras. Entre nós, no Brasil, destaca-se toda a obra da enfermeira Vera Regina Waldow (1993, 1998, 2006) e do médico Eugênio Paes Campos (2005). Nós mesmos em *Saber cuidar* (1999) acenamos para as dimensões do masculino (trabalho) e do feminino (cuidado) como fundadoras de modos de existir e de viver eticamente, distintos e recíprocos.

Convém, entretanto, antes de mais nada, novamente insistir que os temas da justiça e do cuidado não se derivam exclusivamente do homem ou da mulher. Ambos são portadores de feminino e masculino, simultaneamente. Por isso, o cuidado (feminino) afeta o homem, bem como a justiça (masculino), a mulher.

Em razão desta inclusão, insistem as referidas filósofas feministas em dizer que o tema do cuidado e respectivamente da justiça não são temas de gênero, mas da totalidade do humano (Noddings. "Two concept of caring", p. 2).

Mas essa totalidade inclusiva não anula as diferenças que convém enfatizar. A dimensão da *anima*, da qual a mulher é especial portadora, capta primeiramente o mundo como valor do que como fato. Ela vê no fato mensagens e no visível capta o invisível. Ela possui um acesso ao real mais com o coração do que com a razão, pois efetivamente o ser humano nunca fica indiferente diante do real. Envolve-se nele e percebe emocionalmente os laços que nos unem.

A tese que sustentamos em nossas reflexões é que o cuidado constitui uma dimensão essencial do humano, mas que ganha densidade e visibilidade maior na mulher. A condição dela é singular, sentindo o mundo a partir do significado que este carrega. Esta percepção é enriquecedora da ética porque leva em consideração não apenas o lado conceitual e institucional da realidade, mas também sua densidade cotidiana e valorativa.

No cuidado importa distinguir as diferentes dimensões que detalhamos nos capítulos anteriores: o cuidado como uma relação amorosa, não agressiva da realidade; o cuidado como preocupação com aquilo ou com quem nos sentimos ligados afetivamente; o cuidado como precaução e prevenção diante do futuro que pode nos trazer surpresas desagradáveis e efeitos danosos; e, por fim, o cuidado como *holding*, aquele conjunto de medidas e suportes que garantem segurança e paz, seja às pessoas, seja a toda a realidade. Não cabe aqui resgatar todos aqueles sentidos, ontológicos e afetivo-antropológicos.

O cuidado como modo-de-ser-com-os-outros vive em permanente tensão com o outro modo-de-ser-no-mundo, constituído pelo trabalho. Este possui uma lógica diversa do cuidado. Por ele o ser humano intervém de forma organizada no mundo, usando quase sempre a força, e assim transforma-o em mundo hominizado, que chamamos cultura. Destarte, cria as condições de sua subsistência e constrói seu habitat humano, que em grego se chama *ethos*, como a morada humana.

O trabalho demanda racionalidade, eficácia, elaboração de um projeto, superação de dificuldades em sua implementação. É o masculino no homem e na mulher que aqui é exigido. Não sem razão foram os homens que mais intervieram na natureza e construíram o projeto da tecnociência, que é a forma sistemática de apropriação das forças e recursos da natureza. E o fizeram usando demasiada violência, exacerbando a dimensão do *animus* e recalcando a dimensão da *anima*. Este é o lado dramático e, em certo sentido, trágico de nosso projeto civilizacional. Para recuperar seu equilíbrio precisamos imprimir cuidado no trabalho, para que não seja destruidor do equilíbrio da natureza. É urgente feminilizar as relações para com a natureza e seus bens e serviços.

Mas quando entra a sociabilidade, tramando os laços interpessoais, ganha vigência o cuidado e a dimensão da *anima*. Foram as mulheres que levaram para o mundo do trabalho suas virtudes singulares (embora não exclusivas), como a cooperação acima da competição, a flexibilização nas relações burocráticas, a capacidade de mais diálogo e de construir consensos na lógica do ganha-ganha. Elas exprimem, como que espontaneamente, aquela dimensão profundamente humana, que é a tendência natural de cuidar e de ser cuidado (Noddings. *Caring*, p. 81).

A existência humana vem marcada pelas várias modalidades do cuidado. Já o poeta latino Horário dizia "ser o cuidado o permanente companheiro do ser humano" (Boff. *Saber cuidar*, p. 12). Acompanha-nos na forma de *suporte social* (*holding*) que, na definição de Eugênio Paes Campos, é "a forma de relacionamento interpessoal, grupal ou comunitário que dá ao indivíduo ou ao grupo um sentimento de proteção e apoio, capaz de propiciar redução do estresse e bem-estar psicológico" (Campos. *Quem cuida do cuidador*, p. 46). Quando aplicado ao bebê o cuidado "é o conjunto de cuidados dispensados a ele pelo ambiente, sobretudo representado pela mãe" (p. 55).

O cuidado estabelece sempre uma relação recíproca entre quem cuida e quem é cuidado. Ambos se ajudam mutuamente, pois o ser humano é levado intrinsecamente a cuidar e simultaneamente sente necessidade de ser cuidado por alguém (Waldow. *Cuidar, expressão humanizadora da enfermagem*, p. 33-37).

Sempre foi um problema para a visão centrada na razão decidir quais motivações que nos levam a assumir uma vida moral. David Hume confessa claramente que a motivação necessária que nos impulsiona para viver eticamente é de ordem emocional, e não racional (Hume. *An Enquiry Concerning the Principles of Morals*, p. 275). O mesmo testemunham as feministas (Noddings. *Caring*, p. 79).

Não é, pois, aduzindo mais e mais argumentos que convencemos alguém a agir em conformidade com a ética, mas desenvolvendo nele as habilidades, atitudes e o desejo de cuidar dos outros e das relações e de ser cuidado. Esta disposição de manter relações de cuidado não constitui o termo de um argumento racional, mas revela a existência de um sentimento e de uma afeição.

Uma mãe não raciocina para cuidar de seu bebê, ela o faz afetivamente, sem raciocinar; simplesmente cuida. Isso não significa que a razão seja dispensada do cuidado. Para que este seja efetivo precisa vir acompanhado de racionalidade. Mas seu nascedouro não reside na razão, e sim no afeto.

A primeira determinação do humano não é, pois, o cartesiano *penso, logo existo*, mas o *sinto, logo existo* da visão originária.

A canadense S.S. Roach tentou detalhar os momentos de realização do cuidado, não excluindo o momento da razão, em cinco "cês" (c), que aqui nos dispensamos comentar. Basta referi-los, pois se entendem por si mesmos: "*c*ompaixão, *c*ompetência, *c*onfiança, *c*onsciência e *c*omprometimento", concluindo que o cuidado é o nosso modo humano de ser e que, ao cessar de sentir, agir e pensar em termos de cuidado, deixamos simplesmente de ser humanos (cf. Roach. *The Human Act of Caring*, 1993).

O cuidado é, por excelência, o espaço do feminino (no homem e na mulher), mas principalmente da mulher. Nesta dimensão, ela vem melhor equipada biologicamente do que o homem (Nodding. *Caring*, p. 97). Possui muito mais capacidade de acolher e proteger a vida, de estabelecer relações de reciprocidade e de cuidado.

Ao tomarem decisões éticas, as mulheres sentem necessidade de possuir mais informações concretas que nascem da experiência, que precisam de conversar com as pessoas, de ver-lhes o rosto e os olhos, detectar-lhes os desejos e sonhos. Tais positividades existenciais pesam mais do que princípios abstratos e imperativos. A razão não está ausente, mas vem impregnada de cordialidade e de afetividade. É num contexto assim enriquecido que a decisão ética é tomada.

Formalizando uma ética do cuidado diríamos: há um dado de base que é a predisposição natural de cuidar e o desejo de ser cuidado. Esse é o dado ontológico prévio que perpassa toda a existência humana, enquanto humana. É o caráter de universalidade dessa ética. É o "bem" buscado pela ética, se quisermos falar na linguagem da ética da justiça. Ela se realiza em todo o ser humano, mas ganha proeminência na mulher, a portadora privilegiada do cuidado.

Para que alcance a estatura ética, esse dado ontológico prévio precisa ser assumido conscientemente como projeto de vida e propósito da vontade de querer cuidar e de aceitar ser cuidado. Isto implica um empenho ético, político e pedagógico de criar e manter as condições do cuidado, para que seja predominante, especialmente nesta época da história em que vivemos sob riscos e ameaças que agravam a espécie humana.

5.3 Justiça e cuidado: uma ética integral

Masculino e feminino são recíprocos e complementares. Juntos permitem emergir o ser humano na forma de homem e de mulher. Algo semelhante ocorre com a justiça e o cuidado. Ambos nascem de dados reais e não imaginados, como duas fontes distintas que, juntas, corroboram na produção da água cristalina da ética humana. Elas constituem uma ética integral e globalizadora da experiência humana. Por isso, nenhuma delas pode ser dispensada ou contraposta à outra. Precisamos de ambas.

A justiça é irrenunciável, seja em nível individual, seja em nível social. Ela configura a justa medida, expressão do cuidado, em todas as coisas, objeto da sabedoria ancestral de todos os povos. No nível pessoal se traduz por virtudes que tornam decente e aprazível a convivência humana. No nível social a justiça preside as relações adequadas nas instituições, de sorte que construam o bem comum e atendam o interesse geral. Sem justiça não se pode construir uma sociedade humana sem violência e que inclua todas as pessoas como cidadãos iguais diante das leis e igualmente dignos nas diferenças.

Mas já Platão notava que uma sociedade que se constrói apenas sobre a justiça pode tornar-se cruel e sem piedade. Vale o adágio antigo: *Summum ius, summa iniuria* (o excesso de direito gera o excesso de ofensa). O ser humano precisa de leis e de instituições, mas não pode se deixar enquadrar por elas.

Nele há sempre uma sobra de libido, de generosidade e de criatividade face às imponderabilidades da realidade. Foi sabedoria dos antigos introduzir a epiqueia, aquela capacidade de fornecer mais valor à vida do que a lei e garantir-lhe seu caráter singular e, por isso, permitir-lhe, em casos determinados, ir além da lei (*prater legem sed non contra legem*) e abrir espaço para um direito difuso que se vai constituindo nas bases e nas margens, até chegar ao centro e ser formulado em lei geral.

Nesse ponto é que o cuidado ganha importância. Ele sempre tem a ver com relações humanas e com a proteção da vida, seja sanando as chagas passadas, seja prevenindo as chagas futuras. O cuidado nos convence de que uma ética que parte da absoluta autonomia do sujeito na solidão de sua liberdade é uma irrealidade e uma ilusão; é apenas uma abstração. Para os seres humanos assim solitários poderem viver juntos precisam de um contrato social, como foi excogitado nos tempos modernos por Rousseau, Locke e Kant.

Quando, ao contrário, partimos do fato real e irrenunciável de que o ser humano é sempre um ser de relação, que ele é um-ser-com-os-outros, no cuidado e na preocupação, fica relativo o contrato social, necessário numa sociedade de classes que precisa se acertar para não se devorar mutuamente, mas ele, na verdade, pressupõe o caráter social dos seres humanos que, naturalmente, tendem a viver juntos, com ou sem contrato.

A visão a partir do cuidado é outra: o cidadão está sempre ligado, religado e envolvido numa trama de conexões. O cuidado como dimensão ontológica e antropológica mostra essa vinculação de todos com todos, devido à reciprocidade geral e à lógica do cuidar e do ser cuidado, assumida como realidade fontal e compromisso relacional.

A ética do cuidado completa a ética da justiça. Elas não se opõem, mas se compõem na construção de uma convivência humana fecunda, dinâmica, sempre aberta a novas relações e carregada de sentimento de solidariedade, afetividade e, no termo, de amorosidade. Ela ajuda a minorar os conflitos e tem propostas de negociação pelas quais todos podem avançar juntos e superar o ganha-perde. Principalmente nesse tipo de ética se leva a sério aquilo que foi e continua sendo pouco considerado: a vida cotidiana, as tarefas familiares, a condução da casa, a convivência dos gêneros e das idades. Neste campo as mulheres são as mestras e nos poderão despertar para a densidade ética e moral dessas instâncias diuturnas, mas que compõem grande parte da vida das pessoas.

O ser humano é capaz de amor universal e incondicional, que constitui a utopia de toda a vida pessoal e social e também o seu móvel secreto. É a contribuição que o cristianismo e as religiões em geral trouxeram para a meditação ética.

A justiça e as virtudes, para serem humanas, precisam expressar o modo-de-ser singular do ser humano: uma pessoa que se faz virtuosa para com os outros; animal político vivendo sob o império de leis e de instituições justas. Em ambas as esferas se realiza a justiça e vigoram as virtudes. Mas isso não basta, é preciso revelar sua essência como um ser que nasceu do cuidado, tende naturalmente a cuidar e deseja ser cuidado. O cuidado impedirá que as virtudes se transformem em farisaísmo, as leis em legalismo e as instituições em prisões.

Justiça e cuidado são as pilastras sobre as quais se sustenta a morada humana (*ethos* em grego) e que produzem a possível felicidade e o suficiente bem-estar para todos. A biocivilização que queremos deverá sustentar-se nesse tipo de ética, boa para os humanos e amigável para com a natureza.

6
Cuidar de si mesmo, dos outros, da Terra

Seguramente um dos grandes desafios existenciais consiste em cuidar de si mesmo. Somos o mais próximo dos próximos e, ao mesmo tempo, o mais complexo e mais indecifrável dos seres.

6.1 O que somos enquanto humanos?

O que somos? Sabemos quem somos? Qual é o nosso lugar no universo? Para que existimos? Por que temos de morrer? Para onde vamos? Refletindo nestas perguntas inadiáveis vale lembrar a ponderação de Blaise Pascal († 1662). Ninguém melhor do que ele, matemático, filósofo e místico para expressar o ser complexo que somos: "O que é o ser humano na natureza? Um nada diante do infinito e um tudo diante do nada, um elo entre o nada e o todo, mas incapaz de ver o nada de onde veio e o infinito para onde vai" (Pascal. *Pensées*, § 72).

Nele se cruzam os quatro infinitos: o infinitamente pequeno, o infinitamente grande, o infinitamente complexo (Teilhard de Chardin) e o infinitamente profundo.

Na verdade, não sabemos quem somos. Ou melhor, na esteira do grande romancista brasileiro Guimarães Rosa eu diria: desconfiamos de alguma coisa na medida em que vivemos e pelas emergências – os fatos que nos vão acontecendo diuturnamente – que irrompem em nossa vida, vindas de todos os lados, e, em último termo, daquela Energia de fundo que tudo sustenta e tudo dirige. Em um somos muitos.

Além daquilo que somos vigora em nós aquilo que podemos ser: o inesgotável cabedal de virtualidades escondidas dentro de nosso ser. Nosso potencial representa aquilo que é o mais verdadeiro e real em nós. Daí a nossa dificuldade em construirmos uma representação satisfatória do que somos. Mas isso não nos dispensa elaborar algumas chaves de leitura que de alguma maneira nos orientam na busca daquilo que queremos e podemos ser.

É nesta busca que o cuidado de si mesmo desempenha uma função decisiva. Não se trata, primeiramente, de um olhar narcisista sobre o próprio eu, o que leva, geralmente, a não conhecer a si mesmo, mas identificar-se com uma imagem projetada de si e, por isso, falsa e alienante.

Foi Michel Foucauld com sua minuciosa investigação *Hermenêutica do sujeito* (2004) que tentou resgatar a tradição ocidental do cuidado do sujeito, especialmente nos sábios do século II/III como Sêneca, Marco Aurélio, Epíteto e outros. O grande moto era o famoso *ghôti seautón*: conheça-te a ti mesmo. Esse conhecimento não era entendido de forma abstrata, mas concreta como: reconheça-se naquilo que és, procure aprofundar-te em ti mesmo para descobrires tuas potencialidades; tente realizar aquilo que de fato és.

Neste contexto se abordavam as várias virtudes, tão bem discutidas por Sócrates, como a prudência, a justa medida (*méden ágan*), a justiça, a bondade, a coragem e o amor. Faziam-se duras críticas aos vícios, especialmente o mais desprezível pelos gregos e tão central em nossa cultura dominante e imperial: a *hybris*, que é passar dos limites, orgulhar-se vaidosamente, dar-se por aquilo que não é e, especialmente, pretender acumular poder para estar sobre os outros, colocando-se como um deus. Talvez o maior vício da cultura ocidental, da cultura cristã e especialmente da cultura estado-unidense com o seu imaginado *destino manifesto* (o sentir-se o novo povo eleito por Deus) é a *hybris* do sentimento de superioridade e de excepcionalidade, de missão e de conquista dos outros em nome dos seus valores tidos como os únicos válidos, melhores e sancionados por Deus.

A primeira coisa que importa afirmar é que o ser humano é um sujeito, e não uma coisa. Não é uma substância constituída uma vez por todas (Foucault. *Hermenêutica do sujeito*, 2004), mas um nó de relações sempre ativo que mediante o jogo das relações está continuamente se construindo. Ou, usando uma outra analogia, comparece como um rizoma (um bulbo de planta da qual saem rebentos em todas as direções).

Todos os seres do universo, consoante à nova cosmologia, são portadores de certa subjetividade porque têm história, vivem em interação e interdependência com todos, aprendem trocando e acumulando informações. Este é um princípio cosmológico universal. Mas o ser humano realiza uma modalidade própria deste princípio, que é o fato de ser um sujeito consciente e reflexivo. Ele "sabe que sabe" e "sabe que não sabe" e, para sermos completos, "não sabe que não sabe".

Este nó de relações se articula a partir de um centro ao redor do qual organiza os sentimentos, as ideias, os sonhos e as projeções. Por mais que se ponha em questão a realidade do eu como algo socialmente construído e, por isso, não originário, o eu como autoidentificação se sustenta de pé. Ele é um centro, único e irrepetível. Representa, na linguagem do filósofo mais sutil de todos os medievais, o franciscano Duns Scotus († 1203), a *ultima solitudo entis*, a última solidão do ser. Cunhou uma palavra de difícil tradução: *Haecceitas*, que traduzida seria: este ser aqui concreto e irrepetível que é o meu eu. Jamais houve, não existe e jamais haverá alguém que seja em tudo igual a mim. O eu é único e não replicável.

Este eu insubstituível e irrenunciável deve ser entendido no contexto do nó de relações dentro do processo global de interdependências, de sorte que a solidão não é o desligamento dos outros. Ela significa a singularidade e a especificidade inconfundível de cada um. Portanto, esta solidão é para a comunhão, é um estar só em sua identidade para poder estar com o outro e no outro, também com sua identidade, e poder ser um-para-o-outro e com-o-outro. O eu nunca está só, ele reclama um tu. Melhor, segundo Martin Buber, é a partir do tu que o eu desperta e se forma.

6.2 Cuidar de si: acolher-se jovialmente

O cuidado de si implica, em primeiríssimo lugar, acolher-se a si mesmo, assim como fazemos com as aptidões e os limites que sempre nos acompanham. Não com amargura, como quem não consegue evitar ou modificar a sua situação existencial, mas com jovialidade. Acolher o próprio rosto, cabelos, pernas, dedos, seios, sua aparência e modo de estar no mundo, enfim, seu corpo (Corbin et al. *O corpo*. 3 vols. 2008). Quanto mais nos aceitarmos, menos clínicas de cirurgia plástica existirão. Com nossas características físicas devemos elaborar nosso jeito de ser e nosso *mise-en-scène* no mundo.

Nada mais ridículo do que a construção artificial de uma beleza montada, que não está em consonância com a beleza interior. Perde-se a irradiação e ganha lugar a vaidade vazia de brilho. É a tentativa vã de fazer um *photoshop* de nossa própria imagem.

Mais importante é acolher os dons, as habilidades, o poder, o quociente de inteligência, a capacidade emocional, o tipo de vontade e determinação com que se vem dotado. E, ao mesmo tempo, sem resignação negativa, os limites do corpo, da inteligência, das habilidades, da classe social e da história familiar e nacional na qual está inserido.

Tais realidades configuram a condição humana concreta e se apresentam como desafios a serem enfrentados com equilíbrio e com a determinação de explorar o mais que pudermos as potencialidades positivas.

O cuidado de si exige saber combinar as aptidões com as motivações. Não basta termos aptidão para a música se não sentimos motivação para desenvolver esta capacidade. Da mesma forma, não nos ajudam as motivações para sermos músicos se não tivermos aptidão para isso, seja no ouvido, seja no domínio de algum instrumento. Não adianta querer pintar como um Van Gogh se consegue apenas ser um pintor de paisagens, de flores e passarinhos que mal chegam a ser expostos na feira de domingo na praça (Lacroix. *Se réaliser*, p. 17-23). Em tais casos desperdiçamos energias e colhemos frustrações, pois a mediocridade não engrandece ninguém.

Outro componente do cuidado para consigo mesmo é saber e aprender a conviver com o paradoxo que atravessa nossa existência: temos impulsos para a bondade, a solidariedade, a compaixão e o amor. E simultaneamente pulsam em nós apelos para o egoísmo, a exclusão, a antipatia e até o ódio. Somos feitos com estas contradições, dadas com a existência. Antropologicamente se diz que somos ao mesmo tempo *sapiens* e *demens*, gente de inteligência e lucidez e junto a isso gente de rudeza e de violência. Somos o encontro das oposições.

Cuidar de si mesmo impõe saber renunciar e ir contra certas tendências em nós e até nos pôr à prova. Leva-nos a elaborar um projeto de vida que confira centralidade a estas dimensões positivas e manter sob controle (sem recalcá-las, porque elas persistem e podem voltar sob forma incontrolável) as dimensões sombrias que tornam agônica a nossa existência, quer dizer, sempre em combate contra nós mesmos.

Cuidar de si mesmo é amar-se, acolher-se, reconhecer nossa vulnerabilidade, saber perdoar-se e desenvolver a resiliência, que é a capacidade de "dar a volta por cima" e aprender dos erros e contradições.

6.3 Cuidar de si: preocupar-se com o modo de ser

O fato de estarmos expostos a forças contraditórias, convivendo tensamente em nós, exige que vivamos o cuidado como preocupação em relação ao nosso destino. A vida pode nos conduzir por caminhos de felicidade ou de desgraça. Podemos ser tomados por ressentimentos e amarguras que nos incitam à violência e, politicamente, ao terrorismo, como ocorre em países do Oriente Médio, por dezenas de anos explorados e humilhados, por causa do petróleo, pelas potências ocidentais. Temos que aprender a nos autocontrolar. Mas também, além disso, desenvolver iniciativas criativas, exercitar a fantasia imaginativa que nos afasta dos riscos e nos abre espaço para uma vida de decência.

Hoje há na cultura uma tendência de plasmação da subjetividade pessoal e coletiva, consoante os interesses do sistema social imperante que nos quer apenas como consumidores passivos e compulsivos; portanto, gente massificada, sem decisão própria, fácil de ser seduzida e conquistada para os interesses comerciais. A este não interessa a felicidade da pessoa, mas sua capacidade de comprar, de consumir e de criar a ilusão de que com isso ficará feliz. Cuidar de si é preocupar-se em não cair nessa armadilha.

Cuidar de si como preocupação acerca do sentido de sua vida significa: ser crítico, colocar muita coisa sob suspeita para não permitir que seja reduzido a um número, a um mero consumidor, a um membro de uma massa anônima e a um eco da voz do outro.

Cuidar de si é preocupar-se com seu lugar no mundo, na família, na comunidade, na sociedade, no universo e no desígnio de Deus. Cuidar de si é reconhecer que Deus lhe deu um nome que é só seu, que o define e pelo qual Ele mesmo se revela e o chama para si.

Na sociedade de massa, que utiliza meios massivos, destruidores de subjetividades em todos os meios de comunicação e pelo *marketing* uniformizador, reafirmar a própria subjetividade implica coragem de ir contra a corrente, de reafirmar-se sem arrogância, mas com determinação (Touraine. *Poderemos viver juntos?*, p. 97ss.). É poder dizer EU e sustentar a força desse EU, que será tanto maior quanto mais se abrir a um TU.

O cuidado assume a forma da preocupação consigo mesmo quando nos esforçamos para identificar o nosso Centro, que é o nosso arquétipo de base, isto é, aquele impulso interior maior, aquela vontade secreta, aquela tendência persistente de realizar nosso sonho de vida. O valor de uma vida se mede pela grandeza de seus sonhos e pelo empenho, contra ventos e tempestades, de realizá-los. E nada resiste à esperança teimosa e perseverante. A vida é sempre generosa. Aos que insistem e persistem ela acabará por dar-lhe a chance necessária para concretizar o sonho.

Então irrompe o sentimento de realização, que é mais do que a felicidade, momentânea e fugaz. A realização é fruto de uma vida, de uma perseverança, de uma luta nunca abandonada de quem viveu a sabedoria pregada por Dom Quixote: "No hay que aceptar las derrotas sin antes dar todas las batallas". Traduzindo: Não há que se aceitar as derrotas sem antes dar todas as batalhas.

O modo de ser que resulta deste cuidado para com a autorrealização é uma existência de equilíbrio que gera serenidade no ambiente e o sentimento nos outros de se sentirem bem em companhia de tal pessoa. A vida irradia, pois nisso está seu sentido: não simplesmente viver porque não se morre, mas viver para irradiar e desfrutar da alegria de existir.

6.4 Cuidado como precaução sobre nossos atos e atitudes

O cuidado como preocupação nos abre espaço para o cuidado precavido conosco mesmos, especialmente para com nossos atos e atitudes e para o vasto campo das relações e da linguagem. O ato, com a atitude que lhe subjaz, nunca é fortuito. Ele nasce de uma intenção e carrega consequências. Numa perspectiva ecológica, há atitudes e atos que podem ser gravemente danosos, como a prática de usar intensivamente defensivos agrícolas, desmatar vasta região para dar lugar à pecuária ou a derrubada da mata ciliar dos rios. As consequências não precisam ser imediatas, mas a curto e médio prazos podem ser desastrosas, como a diminuição de água nos rios, a contaminação do nível freático das águas, a mudança do clima e dos regimes de chuvas e de estiagem.

Aqui se impõe cuidadosa precaução para que o habitat humano e a comunidade de vida em geral não sejam prejudicados. Nossa liberdade é limitada em razão do princípio do cuidado-precaução. Com a introdução das novas tecnologias, como a biotecnologia e a nanotecnologia, pelas quais se manipulam os elementos últimos da realidade, podem ocorrer danos irreversíveis ou serem produzidos agentes químicos sintéticos que comprometem o futuro da vida (cf. Goldborn. *O futuro roubado*, 1977). Bem adverte a *Carta da Terra*: "Orientar ações para evitar a possibilidade de sérios ou irreversíveis danos ambientais, mesmo quando a informação científica for incompleta ou não conclusiva" (II, 6.)

Aqui, mais do que em outras situações, impõe-se o cuidado como precaução. Não se devem promover experimentos cujos riscos sejam desconhecidos e os efeitos incontroláveis. Como nunca antes na história, o futuro da vida e das condições ecológicas de nossa subsistência está colocado sob nossa responsabilidadade (Jonas. *Princípio responsabilidade*, 2002).

Esta responsabilidade não pode nem deve ser delegada a cientistas ou à comunidade científica em geral, em seus laboratórios, para que, por eles mesmos, decidam acerca do futuro de todos. Aqui vale a cidadania planetária. Cada cidadão é convocado a acompanhar e coletivamente decidir que caminhos novos e mais promissores deverão ser oferecidos para a humanidade e para o restante comunidade de vida.

Precaução-cuidado especial merecem também nossas relações. Há sempre relações e relações, com íntimos, com os próximos, com os diferentes e com os distantes. Pouco importa a natureza da relação, mas ela sempre deve ser aberta e construtora de pontes. Tal propósito implica superar as estranhezas, os preconceitos e a falta inicial de sintonia, que podem despontar nesse campo. Aqui importa sermos vigilantes e travarmos uma luta forte contra nós mesmos e os hábitos culturais herdados. Albert Einstein, sabedor das dificuldades inerentes a esse esforço, ponderou, não sem razão, que "é mais fácil desintegrar um átomo do que remover um preconceito da cabeça de uma pessoa".

Mesmo assim, vale sempre o esforço de humanizar as relações para que sejam expressão de hospitalidade, de vontade de convivência com o outro e de estabelecer laços com o diferente. Como nos enriqueceríamos humanamente mediante esses encontros! Mais valem tais encontros do que a leitura de incontáveis livros das maiores bibliotecas. Pois, cada vez que encontramos alguém, estamos diante de uma emergência nova, oferecida pelo universo, uma mensagem que somente essa pessoa pode pronunciar e que pode significar uma luz em nosso caminho. Isso pode vir de qualquer pessoa, de um pipoqueiro, de um camelô, de uma velhinha afrodescendente e sábia.

Todos nós passamos uma única vez por este planeta. Se perdemos a oportunidade do encontro com os outros, esta nunca se repetirá e uma mensagem singular deixou de ser ouvida e integrada na grande fala do Universo.

Importante é nos preocupar com nossa linguagem. Somos os únicos seres de fala. Por ela, como nos ensinaram Maturana e Witgenstein, organizamos nossas experiências, colocamos ordem nas coisas e criamos a arquitetônica dos saberes. Bem cantam os membros das Comunidades Eclesiais de Base do Brasil: "Palavra não foi feita para dividir ninguém/Palavra é a ponte onde o amor vai e vem". Pela palavra construímos e destruímos, consolamos e desolamos, criamos sentidos de vida ou de morte. As palavras, antes de definirem um objeto ou serem dirigidas a alguém, têm a capacidade de nos definir. Falam sobre quem somos, quais são as nossas disposições interiores e revelam em que mundo habitamos.

6.5 Cuidado com nossa relação maior: a amizade e o amor

Há um cuidado especial, seja na forma de amor a si mesmo, seja na forma de preocupação sobre o sentido da vida, que se realiza na amizade e no amor. São as relações maiores e mais realizadoras que o ser humano, homem e mulher, pode experimentar e desfrutar.

Muito se tem escrito sobre estas duas experiências de base. Aqui nos restringimos ao mínimo. A amizade é aquela relação que nasce de uma ignota afinidade, de uma simpatia inexplicável, de uma proximidade afetuosa para com a outra pessoa. Entre os amigos se cria como que uma comunidade de destino. A amizade vive do desinteresse, da confiança e da lealdade. Ela possui raízes tão profundas que, mesmo passados muitos anos, ao se reencontrarem os amigos e as amigas, o tempo se anula e se reatam os laços e até a recordação da última conversa.

Cuidar das amizades é se preocupar com a vida, as penas e as alegrias do amigo e da amiga. É oferecer-lhe um ombro quando a vulnerabilidade o visita e o desconsolo lhe rouba as estrelas-guia. É no sofrimento e no fracasso existencial, profissional ou amoroso que se comprovam os verdadeiros amigos. Eles são como uma torre fortíssima que defende o castelo de nossas vidas peregrinas.

Relação mais profunda e a que mais realizações ou as mais dolorosas frustrações traz é a experiência do amor. Nada é mais frágil do que ele, que vive do encontro entre duas pessoas que um dia cruzaram seus caminhos, descobriram-se no olhar e na presença e viram nascer um sentimento de enamoramento, de atração, de vontade de estar junto, até que resolveram fundir suas vidas, unir os destinos, compartilhar as fragilidades e as benquerenças da vida. Nada é comparável à felicidade de amar e de ser amado. E nada há de mais desolador, nas palavras do Poeta Ferreira Gullar, do que não poder dar amor a quem se ama.

Todos esses valores, por serem os mais preciosos, são os mais frágeis por estarem mais expostos às contradições da existência humana.

Cada qual é portador de luz e de sombras, de histórias familiares e pessoais diferentes, cujas raízes alcançam arquétipos ancestrais, marcados por experiências felizes ou trágicas, que deixaram marcas na memória genética de cada um.

O amor é uma arte combinatória de todos esses fatores, feita com sutileza, que demanda capacidade de compreensão, renúncia, paciência e perdão e, ao mesmo tempo, de desfrute comum do encontro amoroso, de intimidade sexual, de entrega confiante de um ao outro, experiência que serviu de base para entendermos a natureza de Deus, pois Ele é amor incondicional e essencial. Mas o amor sozinho não basta. É por isso que São Paulo em seu famoso hino ao amor, elenca os acompanhantes deste, sem os quais não consegue fazer uma travessia feliz. O amor tem que ser "paciente, benigno, não ser ciumento, não vangloriar-se nem ensoberbecer-se, não procurar seus interesses, não se ressentir do mal [...] o amor tudo sofre, tudo crê, tudo espera e tudo suporta [...] o amor nunca se acaba" (1Cor 13,4-7). Cuidar destas virtudes é fornecer o húmus necessário para que o amor seja sempre vivo e não morra pela indiferença.

Quanto mais alguém é capaz de uma entrega total, maior e mais forte será o seu amor. Tal entrega supõe extrema coragem, experiência de morte, pois não se retém nada e se mergulha totalmente no outro. O homem possui especial dificuldade para essa atitude extrema, talvez pela herança de machismo, patriarcalismo e racionalismo de séculos que carrega dentro de si e que lhe limita a capacidade dessa confiança extrema.

A mulher é mais radical: vai até o extremo da entrega no amor, sem resto e sem retenção. Por isso, seu amor é mais pleno e realizador e, quando se frustra, a vida revela contornos de tragédia e de um vazio existencial abissal.

O segredo maior para cuidar do amor reside nisso: singelamente cultivar a ternura, que vive de gentileza, de pequenos gestos que revelam o carinho, de sinais pequenos, como recolher na praia uma concha e levá-la à pessoa amada e dizer-lhe que, naquele momento, pensou carinhosamente nela. Tais "banalidades" têm um peso maior do que a mais preciosa joia. Assim como uma estrela não brilha sem uma atmosfera ao seu redor, da mesma forma o amor não vive e sobrevive sem um aura de afeto, de enternecimento e de cuidado.

O cuidado é uma arte. Como pertence à essência do humano ele sempre está disponível. Como tudo o que vive tem que ser sustentado, ele também precisa ser alimentado. O cuidado se alimenta de vigilante preocupação com seu futuro. Isso se faz às vezes reservando-se momentos de meditação e reflexão sobre si mesmo, fazendo silêncio ao seu redor, concentrando-se em alguma leitura que lhe alimenta o espírito e, não em último lugar, entregando-se à oração e à abertura Àquele maior que detém o sentido de nossas vidas e conhece todos os nossos mais íntimos segredos.

6.6 Como cuidar de nossa Casa Comum: o planeta Terra

Preocupação maior neste momento da história é garantir a vitalidade de nossa Mãe Terra. Ela é a base que sustenta nossa vida e tudo o que fazemos na história. Ela pode viver sem nós, mas nós não podemos viver sem ela. A sistemática agressão que sofreu nos últimos séculos tiraram-lhe o equilíbrio necessário para nos oferecer tudo o que precisamos para viver, nós e toda a comunidade de vida.

O relatório *Living Planet* de 2010 revela que a Pegada Ecológica da humanidade mais que duplicou desde 1966. Em 2007, o último ano para o qual se tem dados, a humanidade usava o equivalente a um planeta e meio para suportar atividades humanas. Ou seja, estamos usando em um ano o que a natureza demora um ano e meio para repor. Isso demonstra como o nosso modo de viver é insustentável. Ele torna mais urgente a nossa responsabilidade pelo futuro da Terra e de nosso projeto planetário.

Como cuidar da Terra? Seremos breves, pois o tema atravessa todo este livro. Em primeiro lugar, é preciso considerar a Terra como um todo vivo, sistêmico, no qual cada uma de suas partes se encontra interdependente e inter-relacionada com todas as outras. A Terra-Gaia fundamentalmente é constituída pelo conjunto de seus ecossistemas com a imensa biodiversidade que neles existe e com todos os seres animados e inertes que coexistem e sempre se interconectam.

Cuidar da Terra como um todo orgânico é manter as condições que preexistem há milhões e milhões de anos e que propiciam a continuidade da Terra como Gaia e como o terceiro planeta do sistema solar. Cuidar de cada ecossistema é compreender as singularidades de cada um, sua resiliência, sua capacidade de reprodução e de manter as relações de colaboração e mutualidade com todos os demais, já que tudo é sistêmico e includente. Compreender o ecossistema é dar-se conta dos desequilíbrios que podem ocorrer por interferências exógenas ou mesmo endógenas que danificam o equilíbrio do todo.

Cuidar da Terra é principalmente cuidar de sua integridade e vitalidade. É não permitir que biomas inteiros ou toda uma vasta região se degrade e entre em um processo de caos destrutivo. Importante é assegurar a integridade do todo e sua capacidade vital. Isso vale não apenas para os seres orgânicos vivos e visíveis, mas principalmente para os microorganismos. Na verdade, são eles que sustentam a vida do planeta. Diz-nos o eminente biólogo Edward Wilson que "num só grama de terra [...] vivem cerca de 10 bilhões de bactérias, pertencentes a até 6 mil espécies diferentes" (Wilson. *A criação*, p. 26). Por aí se demonstra, empiricamente, que a Terra está viva e é realmente Gaia, superorganismo vivente, e, nós, a porção consciente e inteligente dela.

Cuidar da Terra é cuidar dos *commons*, quer dizer, dos bens e serviços que ela gratuitamente oferece a todos os seres vivos, como água, nutrientes, ar, sementes, fibras, climas, rios, lagos, oceanos, paisagens etc. Estes bens comuns, exatamente por serem comuns, não podem ser privatizados e lançados como mercadorias no sistema de negócios, como está ocorrendo em todas as partes onde impera o sistema capitalista avançado.

Cuidar da Terra é cuidar de sua beleza, de suas paisagens, do esplendor de suas florestas, do encanto de suas flores, da diversidade exuberante de seres vivos da fauna e da flora.

Cuidar da Terra é cuidar de sua melhor produção, que somos nós seres humanos, homens e mulheres. Cuidar da Terra é cuidar daquilo que ela, mediante nossa inteligência, produziu em culturas tão diversas, em línguas tão numerosas, em arte, em ciência, em religião, em bens culturais, especialmente em espiritualidade e religiosidade, pelas quais nos damos conta da presença da Suprema Realidade, que subjaz em todos os seres e nos carrega na palma de sua mão.

Cuidar da Terra é cuidar dos sonhos que ela suscita em nós, de cujo material nascem os poetas, os escritores, os santos, os sábios, os artistas, as pessoas que se orientam pela luz, e cuidar de tudo o que de sagrado e amoroso emergiu na história.

Cuidar da Terra é assumir com gratidão o fato de que somos Terra que sente, pensa, ama, cuida, venera e sabe-se portadora da Divindade e do Mistério do universo. Cuidar da Terra é, em último termo, cuidar do templo no qual o Deus-comunhão Pai, Filho e Espírito Santo já estabeleceu sua morada, a criação toda, e que a eternizará fazendo-a parte de sua inefável realidade.

7
Cuidar do próprio corpo e dos corpos dos outros

Também pertence ao cuidado de si o cuidado do próprio corpo e do corpo dos outros. Importa, entretanto, enriquecermos nossa compreensão de corpo, porque aquela herdada dos gregos e ainda vigente na cultura dominante o considera como uma parte do ser humano ao lado da outra, que é a alma. Compreende-se comumente o ser humano como um composto de corpo e alma. Ao morrer o corpo é devolvido à Terra, enquanto que a alma é transladada para a eternidade, feliz ou infeliz, conforme a qualidade de vida que se tenha vivido.

7.1 A unidade complexa corpo/espírito

Tanto a antropologia bíblica quanto a antropologia contemporânea (e há muita afinidade entre elas) nos apresentam uma concepção de corpo mais complexa e holística (Boff. *A nossa ressurreição na morte*, p. 86-89. • Corbin et al. *História do corpo*, 3 vols., 2008). Segundo elas, o corpo não é algo que temos, mas algo que somos. Falamos então de homem-corpo, todo inteiro, mergulhado no mundo e relacionado em todas as direções.

O ser humano é fundamentalmente corpo. Corpo vivo, e não um cadáver, uma realidade bio-psico-energético-cultural dotada de um sistema perceptivo, cognitivo, afetivo, valorativo, informacional e espiritual.

Ele é feito dos materiais cósmicos que se formaram desde o início do processo da cosmogênese, da biogênese e da antropogênese, portador de 400 trilhões de células, continuamente renovadas por um sistema genético que se formou ao longo de 3,8 bilhões de anos(é a idade da vida), habitado por um quatrilhão de micróbios (Collins. *A linguagem da vida*, p. 200), munido de três níveis de cérebro com 50 a 100 bilhões de neurônios: o *reptiliano*, surgido há 200 milhões de anos, que responde por nossas reações instintivas, ao redor do qual se formou o cérebro *límbico* há 125 milhões de anos, que explica nossa afetividade, o amor e cuidado e, por fim, completado pelo cérebro *neocortical*, que irrompeu há cerca de 5-7 milhões de anos, com o qual organizamos conceitualmente o mundo e nos abrimos à totalidade do real.

A corporalidade é uma dimensão da subjetividade humana. Nunca encontramos um corpo que não seja vivo e aberto a todo tipo de relação para dentro e para fora dele. Da mesma forma, nunca encontramos um espírito puro, mas sempre, em todo lugar, um espírito encarnado. Pertence ao espírito sua corporalidade e, com isso, sua permanente relação com todas as coisas. Como homem-corpo emergimos qual nó de relações universais, a partir de nosso estar-no-mundo-com-os-outros.

Este estar-no-mundo não é acidental, mas essencial. Em sua totalidade o ser humano é corporal como em sua totalidade é espiritual. Somos um corpo espiritualizado como somos também um espírito corporizado. Essa unidade complexa do ser humano não pode ser esquecida quando nos referimos ao ser humano.

Desta forma, os atos espirituais mais sublimes ou os voos mais altos da mística vêm marcados pela corporalidade. Como os mais comezinhos atos corporais como comer, lavar-se, dirigir um carro, conversar... vêm penetrados de espírito! O corpo é o espírito se realizando dentro da matéria. E o espírito é a transfiguração da matéria.

Neste sentido, podemos dizer que o espírito é visível. Quando olhamos, por exemplo, um rosto, não vemos apenas os olhos, a boca, o nariz e o jogo dos músculos. Também nos surpreende a alegria ou angústia, a resignação ou a confiança, o brilho ou o abatimento. O que se vê, pois, é um corpo vivificado e penetrado de espírito. De forma semelhante, o espírito não se esconde atrás do corpo. Na expressão facial, no olhar, no falar, no modo de estar presente e mesmo no silêncio se revela toda a profundidade do espírito.

7.2 As forças de autoafirmação e de integração

Por outro lado, importa entender que, biologicamente, somos seres carentes. Não temos um órgão especializado que nos garanta a sobrevivência ou nos defenda dos riscos, como ocorre com os animais. Alguns biólogos chegam a dizer que somos "um animal doente", um *faux pas*, uma "passagem" (*Übergang*) para outra coisa; por isso nunca fixado, inteiros, mas incompletos.

Tal verificação mostra que por isso precisamos continuamente de cuidado para garantir a nossa vida, mediante o trabalho e a inteligente intervenção na natureza. Desse esforço nasce a cultura, que organiza de forma mais estável as condições infraestruturais e também humano-espirituais para vivermos humanamente em sociedade.

Acresce ainda outro dado, também presente em todos os seres do universo, mas que no nível humano ganha especial relevância, especialmente com referência ao cuidado. Vigoram duas forças em cada ser e também em nós. A primeira é a força da autoafirmação; a segunda, a força da integração. Elas sempre atuam em conjunto, num equilíbrio difícil e sempre dinâmico.

Pela força da autoafirmação cada ser centra-se em si mesmo, e seu instinto é o de se conservar, defendendo-se de todo tipo de ameaça contra sua integridade e a sua vida. Ninguém aceita morrer; quer viver, evoluir e se expandir. Essa força explica a persistência e a subsistência do indivíduo.

Precisamos neste ponto superar totalmente o darwinismo social, segundo o qual somente os mais fortes triunfam e permanecem. Essa é uma meia-verdade que está na contramão do processo evolucionário, que não privilegia os mais fortes. Se assim fosse, os dinossauros ainda estariam entre nós. O sentido da evolução é permitir que todos os seres, também os mais vulneráveis, expressem dimensões da realidade e virtualidades latentes dentro dela. Esse é o valor da interdependência de todos com todos e da solidariedade cósmica. Todos se entreajudam para coexistir e coevoluir. Os fracos também merecem viver e têm algo a nos dizer.

Pela força da integração o indivíduo se descobre integrado numa rede de relações, sem as quais, sozinho como indivíduo, não viveria nem sobreviveria. Existe o indivíduo que vem de uma família que se insere num grupo de trabalho, que mora numa cidade e que habita um país com um tipo de organização social. Ele está ligado a toda esta cadeia. Assim, todos os seres são interconectados e vivem uns pelos outros, com os outros e para os outros. O indivíduo se integra, pois, naturalmente, num todo maior. Mesmo que ele morra, o todo garante que a espécie continue, permitindo que outros representantes lhe sucedam.

É sabedoria humana reconhecer que chega um momento na vida em que é preciso se despedir, de forma agradecida, para deixar o lugar, até fisicamente, aos outros que virão.

O universo, os reinos, os gêneros, as espécies e também os seres humanos individualmente se equilibram entre estas duas forças: a da autoafirmação do indivíduo e a da integração num todo maior. Mas esse processo não é linear e sereno, mas tenso e dinâmico. O equilíbrio das forças nunca é um dado, mas um feito a ser alcançado a todo momento.

É aqui que entra o cuidado. Sem ele pode prevalecer a autoafirmação do indivíduo à custa de uma insuficiente integração, predominando a violência e a autoimposição, ou pode triunfar a integração a preço do enfraquecimento e até anulação do indivíduo, possibilitando que a partida seja ganha pelo coletivismo e o achatamento das individualidades. Nesse sentido o cuidado se traduz em justa medida e na autocontenção, para não privilegiar nenhuma dessas forças.

Efetivamente, na história social humana surgiram sistemas que ora privilegiaram o eu, o indivíduo, seu desempenho, sua capacidade de competição e a propriedade privada, como é o caso do sistema capitalista, ora prevaleceram o nós, o coletivo, a cooperação e a propriedade social, como é o caso do socialismo real. A exacerbação de uma destas forças em detrimento da outra leva a desequilíbrios, conflitos, guerras e tragédias sociais e ambientais. Com referência ao meio ambiente, tanto o capitalismo quanto o socialismo foram depredadores e pioraram as condições de vida da maioria das populações. Em ambos os sistemas o cuidado desapareceu para dar lugar à vontade de poder, ao enfrentamento entre ambos e até à brutalidade nas relações mundiais visando a corrida armamentista e a dominação do curso do mundo.

Qual é o desafio que se dirige ao ser humano? É o cuidado de buscar o equilíbrio construído conscientemente e fazer desta busca um propósito e uma atitude de base. Portador de consciência e de liberdade, o ser humano possui essa missão que o distingue dos demais seres. Só ele pode ser um ser ético, um ser que cuida e que se responsabiliza por si e pelo destino dos outros. Ele pode ser hostil à vida, oprimir e devastar, mas também pode ser o anjo bom, guardador e protetor de todo o criado. Depende de seu empenho em cuidar ou deixar que forças obscuras e incontroláveis assumam o rumo da história.

Por causa da liberdade, não está submetido à fatalidade do dinamismo da natureza, pois ele pode intervir e salvar o mais fraco, impedir que uma espécie desapareça ou criar condições que diminuam o sofrimento.

À lei do mais forte ele faz valer a lei do cuidado do mais fraco. Só o ser humano tem essa capacidade. Por isso foi constituído guardião dos seres e jardineiro cuidador dos seres mais ameaçados e que não podem se defender e subsistir sozinhos.

7.3 Os desafios do cuidado pelo próprio corpo

Depois desta longa introdução surge a pergunta: Como cuidar de nosso próprio corpo?

Antes de mais nada impõe-se um esforço de manter nossa integridade e unidade complexa. Devemos assumir nosso enraizamento no mundo, com suas relações de trabalho e de empenho pela sobrevivência. E fazê-lo com inteireza, sabendo que somos a parte consciente e inteligente do todo, capaz de valorizar cada iniciativa, desde aquela que diz respeito à higiene do corpo até o trabalho mais sofisticado da inteligência. O homem-corpo é essa unidade complexa.

Faz-se mister opor-se conscientemente aos dualismos que a cultura persiste em manter: por um lado o "corpo", desvinculado do espírito, e por outro do "espírito" desmaterializado do corpo. A propaganda comercial explora esta dualidade, apresentando o corpo não como a totalidade do humano, mas sua parcialização, seus músculos, suas mãos, seus pés, enfim, suas partes. As principais vítimas desta retaliação são as mulheres, pois a visão machista se refugiou no mundo midiático do marketing usando partes da mulher (seus seios, seu sexo e outras partes) para continuar a fazer dela um "objeto de consumo" de homens machistas. Devemos nos opor firmemente a essa deformação cultural.

Também é importante rejeitar o "culto do corpo", promovido por um sem-número de academias, e outras formas de trabalho sobre a dimensão física, como se o homem-corpo fosse uma máquina destituída de espírito, buscando performances musculares cada vez maiores. Com isso não queremos desmerecer os exercícios dos vários tipos de ginástica a serviço da saúde e de uma integração maior corpo/mente. Citamos as massagens, que revigoram o corpo e fazem fluir as energias vitais, particularmente as ginásticas orientais como o yoga, que tanto favorece uma postura meditativa da vida, ou o incentivo a uma alimentação equilibrada e sadia, incluindo também o jejum, seja como ascese voluntária, seja como forma de equacionar melhor as energias vitais.

O vestuário merece uma consideração especial. Não possuindo apenas uma função utilitária ao nos proteger das intempéries, ele pertence ao cuidado do corpo, pois representa uma linguagem, uma forma de revelar-se no teatro da vida. É importante cuidar para que o vestuário seja expressão de um modo de ser e mostre o perfil humano e estético da pessoa. Especialmente significativo é na mulher, pois ela tem uma relação mais íntima com o próprio corpo e com seu cuidado e aparência.

Nada mais ridículo, demonstrando anemia de espírito, do que as belezas construídas à base de botox e de plásticas que revelam aquilo que a vida não quis que tais pessoas fossem. Sobre esse embelezamento artificioso está montada a indústria de cosméticos e práticas de emagrecimento em clínicas e SPAs, que dificilmente servem a uma dimensão mais integradora do corpo. Com isso não queremos invalidar os cosméticos importantes para a saúde da pele e para o justo embelezamento das pessoas. Entretanto, cabe reconhecer que há uma beleza própria de cada idade, um charme que nasce da existência feita de luta e trabalho que deixaram marcas na expressão "corporal" do ser humano. Não há *photoshop* que substitua a beleza rude do rosto de um trabalhador, talhado pela dureza da vida, pelos traços faciais moldados pelo sofrimento. A luta de tantas mulheres trabalhadoras no campo e nas fábricas deixou em seus corpos outro tipo de beleza, não raro, com uma expressão de grande força e energia. Eles falam da vida real, e não da artificial e construída. As fotos trabalhadas dos ícones da beleza convencional são quase todas moldadas por tipos de beleza da moda e mal disfarçam a artificialidade da figura e a vaidade medíocre que aí se revela.

Tais pessoas são vítimas de uma cultura que não cultiva o cuidado próprio de cada fase da vida, com sua beleza e irradiação, mas também com as marcas de uma vivência que deixou estampadas no rosto e em todo o corpo as lutas, os sofrimentos, as superações... Tais marcas criam uma beleza singular e uma irradiação específica, ao invés de engessar-se num tipo de perfil do passado já vivido.

Cuidados positivamente do corpo regressando à natureza e à Terra das quais há séculos nos havíamos exilado, imbuídos de uma atitude de sinergia e de comunhão com todas as coisas. Isso significa estabelecer uma relação de *biofilia*, de amor e de sensibilização para com os animais, as flores, as plantas, os climas, as paisagens e para com a Terra. Quando esta é mostrada a partir do espaço exterior, com essas belas imagens do globo terrestre transmitidas pelos grandes telescópios ou pelas naves espaciais, irrompe em nós um sentido de reverência, de respeito e de amor pela nossa Casa Comum, a nossa Grande Mãe, de cujo útero todos viemos. Ela é pequena, cosmologicamente já envelhecida, mas irradiante e cheia de vida.

Talvez o desafio maior para o homem-corpo consiste em lograr equilíbrio entre a autoafirmação, sem cair na arrogância e no menosprezo dos outros, e entre a integração no todo maior, da família, da comunidade, do grupo de trabalho e da sociedade, sem deixar se massificar e cair no adesismo acrítico. A busca desse equilíbrio não se resolve de uma vez por todas, mas deve ser assumido diuturnamente, pois ele nos é cobrado a cada instante. E cada situação, por mais estranha que possa parecer, é suficientemente boa para encontrarmos o balanço adequado entre as duas forças que nos podem dilacerar ou nos podem unificar e dar leveza à nossa existência.

O cuidado em nossa inserção no estar-no-mundo envolve nossa dieta: o que comemos e bebemos. Fazer do comer mais do que um ato de nutrição, mas um rito de celebração e de comunhão com os outros comensais e com os frutos da generosidade da Terra. Saber escolher os produtos, os produzidos organicamente ou os menos quimicalizados. Aqui entra o cuidado como amorosidade para consigo mesmo, que se traduz numa vida saudável e como precaução de eventuais enfermidades que nos podem advir pelo ar contaminado, pelas águas maltratadas e pela intoxicação do ambiente.

O homem-corpo deve deixar transparecer essa harmonia interior e exterior, como membro da grande comunidade terrenal e biótica.

7.4 O cuidado pelo corpo dos outros, dos pobres e da Terra

A maioria dos corpos humanos é enferma, emagrecida e deformada pelas demasiadas carências. Há uma humanidade-corpo faminta, sedenta, desesperada pelo excesso de trabalho explorado e pela humilhação de ser tratada como carvão a ser consumido no processo produtivo, na expressão do antropólogo Darcy Ribeiro.

Cuidar dos corpos dos empobrecidos e condenados da Terra é lutar por políticas públicas, como o programa "Fome Zero", as cozinhas comunitárias, as Upas e outras iniciativas que organizam a solidariedade social para que todos possam ver realizado seu direito à comensalidade e poder comer o suficiente e decente, diariamente.

Contribuir para que as próprias vítimas se organizem e com sua força de pressão e persuasão garantam os meios de vida como o trabalho, a moradia, a saúde, o transporte, a educação e a segurança. Trata-se não apenas de saciar a fome de pão, sempre possível, mas também de saciar sua fome de beleza, de transcendência, de comunhão, sempre aberta a um desenvolvimento ilimitado.

Cuidar do corpo social é uma missão política que exige uma crítica implacável contra um sistema de relações que trata as pessoas como coisas e lhes negam o acesso aos *commons*, ou seja, aos bens comuns de todos os seres humanos, como o alimento, a água, um pedaço de chão, a saúde, a moradia, a cultura e o transporte.

Na verdade, dada a degração generalizada da vida dos pobres, impor-se-ia uma verdadeira revolução, no sentido literal da palavra. Mas não basta querê-la. Para isso são necessárias condições histórico-sociais que a viabilizem e a tornem vitoriosa. É a utopia mínima a ser realizada até por um mínimo senso humanitário.

Hoje, mais do que em outras épocas, urge cuidar do corpo da Mãe Terra, como já o referimos anteriormente, marcado por chagas que não se fecham. Há devastações inimagináveis nos reinos animal, vegetal, nos solos, nos subsolos e nos mares. Já abordamos nos capítulos anteriores esta problemática. Ou cuidamos do corpo da Mãe Terra ou corremos o risco de que ela não nos queira mais hospedar e nos expulse, como o fazemos como uma célula cancerígena. Cuidar do corpo da Terra é cuidar dos dejetos, da limpeza geral das ruas, praças, das águas, do ar, dos transportes; interessar-se por tudo o que diz respeito à própria cidade e região, acompanhando pelos meios de comunicação como estão sendo tratadas, agredidas ou cuidadas e resgatadas.

Por fim, seja-nos permitido recordar a mensagem cristã que, pela encarnação do Filho de Deus, santificou a matéria e também a eternizou. A ressurreição do Homem das Dores, chagado e crucificado, Jesus, vem confirmar que o fim dos caminhos de Deus não é um "espírito" sem a matéria, mas o homem-corpo transfigurado e elevado ao mais alto grau de sua evolução, penetrando no espaço do divino. É o supremo cuidado que Deus mostrou para com o homem-corpo, assumindo-o para dentro de sua própria realidade.

8

Cuidar da própria psique e da psique dos outros

O homem-corpo possui interioridade e subjetividade. Ele, em sua totalidade, é um ser de interioridade (vida psíquica e mental), urdida de emoções, sentimentos, paixões, sonhos e utopias. É o ser humano-psique. Como há um universo exterior, feito de caos e cosmos, de ordens-desordens-novas-ordens, de devastações medonhas e de emergências promissoras, assim há, também, um mundo interior, atravessado por convulsões ou brisas leves, por paisagens amedrontadoras e surpresas alentadoras.

8.1 A viagem rumo ao próprio Centro

Como observava o grande conhecedor dos meandros da psique humana C.G. Jung: a viagem rumo ao próprio Centro pode ser mais perigosa e longa do que a viagem à Lua e às estrelas.

No interior humano habitam anjos e demônios, tendências que podem levar à loucura e à morte e energias de extrema generosidade e de amor incondicional.

Há uma questão nunca resolvida entre os pensadores da condição humana: Qual é a estrutura de base de nossa interioridade, de nosso ser psíquico? Muitas são as interpretações e há muitas escolas de intérpretes. Aqui não é o lugar de abordar essa complexa questão.

Sem maiores mediações, sustentamos que a razão não irrompe como a realidade primeira. Antes dela há todo um universo de paixões e emoções que agitam o ser humano. Acima da razão há inteligência, pela qual intuímos a totalidade, nossa abertura ao infinito e o êxtase da contemplação do Ser. As razões começam com a razão. A razão mesma é sem razão. Ela simplesmente está aí, um mistério que demanda ser decifrado, talvez nunca totalmente.

Mas ela remete a dimensões mais primitivas de nossa realidade humana, das quais se alimenta e que a perpassam em todas as suas expressões. A razão pura kantiana é uma ilusão. A razão sempre vem impregnada de emoção e de paixão (Demo. *Conhecimento moderno*, p. 45-57). Esse parece ser o consenso na epistemologia que incorporou as contribuições da física quântica e da moderna cosmologia que, no discurso sobre o universo, inclui a presença do espírito e da subjetividade.

Conhecer é sempre um entrar em comunhão interessada e afetiva com o objeto do conhecimento. Bem o expressa a palavra francesa para conhecer: *connaître*, que significa nascer junto com a coisa. Em português temos a palavra *conceito*, resultado do conhecimento, que significa algo que foi concebido na relação entre sujeito e objeto.

8.2 Sinto, logo existo

Apoiado por uma plêiade de outros pensadores, tenho sustentado ao longo de minha produção intelectual que o estatuto de base do ser humano não reside no *cogito* cartesiano (no eu penso, logo sou), mas no *sentio* (no sinto, logo existo), no sentimento profundo. Este nos põe em contato vivo com as coisas, percebendo-nos parte de um todo maior, sendo afetados pelo mundo circundante e afetando-o de nossa parte.

Mais do que ideias e visões de mundo, são paixões, sentimentos fortes, experiências seminais, é a amizade, o amor e também seus contrários: as rejeições e os ódios avassaladores que nos movem e nos põem em marcha. Eles nos levantam, fazem-nos arrostar perigos, atravessar abismos, enfrentar feras e jogar com a própria vida.

Reforçamos o que temos, à saciedade, afirmado ao longo de nossas reflexões. Primeiramente está a razão cordial, sensível, emocional. Suas bases biológicas são as mais ancestrais, ligadas ao surgimento da vida há 3,8 bilhões de anos, quando as primeiras bactérias irromperam no cenário da evolução e começaram a dialogar quimicamente com o meio, a trocar energia e matéria para poder sobreviver. Esse processo se aprofundou a partir do momento em que surgiu o cérebro límbico, dos mamíferos, cérebro portador de cuidado, enternecimento, carinho e amor pela cria, gestada no seio dessa espécie nova de animais, à qual nós humanos também pertencemos. Ele alcançou o patamar autoconsciente e inteligente com os seres humanos. O ser-psique-homem está vinculado a esta tradição primeva.

A história do pensamento ocidental, logocêntrica e antropocêntrica, reservou ao sentimento um lugar secundário, e na Modernidade até foi colocado sob suspeita, por prejudicar a pretensa objetividade do conhecimento científico. Tal excesso de racionalismo chegou a produzir, em alguns setores da cultura, uma espécie de lobotomia, quer dizer, uma completa insensibilidade diante do sofrimento humano e os padecimentos pelos quais têm passado a natureza e o Planeta Terra.

Mas podemos dizer que a partir do romantismo europeu (com Herder, Goethe e outros) se começou a resgatar a razão sensível. O romantismo é mais do que uma escola literária. É um sentimento do mundo, de pertença à natureza e da integração dos seres humanos na grande cadeia da vida (Löwy e Sayre. *Revolta e melancolia*, p. 28-50).

Modernamente, como o temos mostrado anteriormente, o afeto, o sentimento e a paixão (*pathos*) ganharam centralidade. Hoje esse passo é imperativo, pois somente com a razão (*logos*) não damos conta das graves crises por que passam a vida, a humanidade e a Terra. Foi um grave equívoco de nossa cultura ter posto todo peso sobre a razão, como se, sozinha, fosse onipotente e capaz de resolver todos os problemas. Ademais, todo o conhecimento é complexo e impreciso por natureza. A razão precisa ser integrada ao conjunto das potencialidades de compreensão humana, sem as quais não construímos uma realidade social integrada e de rosto humano.

Se não voltarmos a sentir com afeto e amor a Terra como nossa Mãe, e nós como a parte consciente e inteligente dela, dificilmente nos moveremos para salvar a vida, sanar feridas e impedir catástrofes humanitárias e ecológicas.

Um dos méritos inegáveis da psicologia moderna e da psicanálise a partir do mestre-fundador Sigmund Freud, foi de ter estabelecido cientificamente a passionalidade como a base, em grau zero, da existência humana. O que interessa a um psicanalista quando atende a um paciente não é o que ele pensa sobre seu pai, sua mãe, sobre si mesmo e sobre o mundo de suas relações. Mas o que ele sente em relação a essas realidades. Como elas o afetam e lhe conturbam a interioridade. O trabalho é feito a partir dos sentimentos e das reações afetivas em busca de um equilíbrio perdido e de uma serenidade interior que se busca.

Não é necessário em nossas reflexões acerca do cuidado do homem-psique entrar na discussão das várias escolas que tentam interpretar os fundamentos da passionalidade humana. Freud, por exemplo, coloca-a na integração da libido; Jung, na busca da individuação; Adler, no domínio sobre a vontade de poder; Carl Rogers, sobre o desenvolvimento da personalidade; Abraham Maslow, no esforço da autorrealização a partir das potencialidades latentes. Outros nomes poderiam ser citados, como Reich, Lacan, a Escola dos Terapeutas e o behaviorismo de Pavlov e de Skinner. Não importa. O certo é que todos eles comungam desta convicção coletiva do transfundo emocional e passional da existência humana.

O que nos é permitido afirmar é que, independentemente das várias escolas psicanalíticas e filosóficas, o homem-psique é um universo constituído de pulsões, emoções, sentimentos, paixões, arquétipos ancestrais, imagens carregadas de significado, símbolos poderosos e energias fortes de vida e de morte, como o poder, a sexualidade, o amor, a indiferença e o ódio. Todas essas realidades psíquicas têm o seu lado positivo e sua contrapartida negativa. Elas podem elevar o ser humano até os píncaros da contemplação e da fusão com a divindade, como podem afundá-lo até o abismo mais profundo da barbárie e da violência. A história das guerras, da brutalidade e das torturas do século XX e dos começos do XXI nos oferece os mais aterradores cenários.

Importante é considerarmos as imagens poderosas que vagueiam na interioridade humana. Elas emergem do fundo da psique e recolhem experiências determinantes, sejam dramáticas, sejam inspiradoras, feitas pelo inconsciente coletivo. Emprestar especial cuidado a elas é imprescindível para desnovelar seus efeitos perturbadores e potenciar os benéficos com outras imagens mais integradoras.

8.3 A estrutura do desejo do ser humano

Um dado, entretanto, cabe ser ressaltado entre outros importantes, por sua relevância e pela alta tradição de que goza: é a estrutura de desejo que marca a psique humana. Partindo de Aristóteles, passando por Santo Agostinho e pelos medievais como São Boaventura (chama São Francisco de *vir desideriorum*, um homem de desejos), por Schleiermacher, Max Scheler nos tempos modernos e culminando em Sigmund Freud, Ernst Bloch e René Girard nos tempos mais recentes, todos afirmam a centralidade da estrutura do desejo.

O desejo não é um impulso qualquer. Ele é um motor que dinamiza e põe em marcha toda a vida psíquica. Ele goza da função de um princípio, traduzido também, pelo filósofo Ernst Bloch, por *princípio esperança*. Por sua natureza, ele não tem limites. O homem-psique não deseja apenas isto ou aquilo, ele deseja a totalidade. Não deseja apenas a vida, mas a sua imortalidade. Não deseja apenas a plenitude do homem, procura o super-homem, aquilo que ultrapassa infinitamente o humano, como afirmava Nietzsche. O desejo é infinito e confere esse caráter de infinito ao projeto humano.

O desejo torna dramática e, por vezes, trágica a existência. Mas também, quando realizado, resulta em felicidade sem igual. De todas as formas, ele não conhece descanso nem uma paz perpétua. O homem-psique está sempre buscando o objeto adequado ao seu desejo infinito. E não o encontra no campo de sua experiência de estar-no-mundo-com-os-outros; aqui somente encontra finitos.

Produz grave desilusão quando o ser humano identifica uma realidade finita como sendo o objeto infinito buscado. Pode ser a pessoa amada, uma profissão sempre ansiada, uma propriedade, uma viagem pelo mundo, um carro, uma casa aconchegante. Chega o momento em que, geralmente não tarda muito, percebe sua insatisfação de base e sente o chamado para algo que lhe faça finalmente descansar.

Aquelas realidades desejadas lhe parecem pouco e apenas fazem aumentar o vazio interior, grande do tamanho de Deus. Como sair desse impasse provocado pelo desejo infinito? Vagar de um objeto a outro, sem nunca encontrar repouso? Ou perseguir outra rota que não é dada no simples espaço-tempo, mas num outro patamar? Tem que se colocar seriamente na busca do verdadeiro objeto de seu desejo. Este é o Ser, e não o ente; é o Todo, e não a parte; é o Infinito, e não o finito.

Depois de muito peregrinar, o ser humano é levado a fazer a experiência do *cor inquietum* de Santo Agostinho, o incansável homem do desejo e o infatigável peregrino do Infinito. Em sua autobiografia *As confissões* testemunha com comovedor sentimento:

> Tarde te amei, ó Beleza tão antiga e tão nova
> Tarde te amei.
> Estavas dentro de mim e eu estava fora.
> Estavas comigo e eu não estava contigo.
> Tu me chamaste, gritaste e venceste minha surdez.
> Tu mostraste tua luz, e tua claridade expulsou minha cegueira.
> Tu espalhaste o teu perfume e eu o respirei.
> Eu suspiro por ti, eu te saboreio, tenho fome e sede de ti.
> Tu me tocaste e eu ardo de desejo de tua paz.
> Meu coração inquieto não descansa enquanto não respousar em ti (livro X, n. 27).

Aqui temos descrito o percurso do desejo que busca e encontra o seu obscuro objeto sempre desejado, no sono e na vigília. Só o Infinito se adequa ao desejo infinito do ser humano. Só então entra no sábado do descanso humano e divino.

Como resulta destas reflexões, o homem-psique é objeto de especial cuidado. Ele se confronta com uma realidade altamente explosiva e de difícil controle. São energias vulcânicas em contínua atividade. Como lidar com elas? Enfatizamos algumas indicações.

8.3.1 A acolhida da condição humana

O primeiro cuidado é a acolhida desta condição humana, do universo subjetivo com suas potencialidades e contradições. Aqui não cabe a moralização, que já condena ou aprova de antemão dimensões por mais traiçoeiras que se apresentem. Também o inumano é parte do humano e deve ser assumido como realidade dada e como desafio.

As paixões puxam o ser humano para todos os lados. Algumas o atiram para a generosidade e outras para o egocentrismo. Aqui se manifestam também as duas polarizações que assinalamos no capítulo anterior: a autoafirmação e a integração. Integrar, sem recalcar estas energias, exige especial cuidado e não poucas renúncias.

8.3.2 A construção da síntese pessoal

O homem-psique é convocado a construir uma síntese pessoal, que é a busca do equilíbrio dessas energias poderosas. Nem se fazer vítima da obsessão por uma determinada pulsão, como por exemplo a sexualidade, nem recalcá-la violentamente como se pudesse anular-lhe o vigor. O que importa é integrá-la no contexto global da vida, como expressão de afeto, carinho, amor e de estética, e mantê-la sob vigilância, pois temos a ver com uma energia vital e cósmica (ligada à reprodução da vida), não totalmente controlável por meios racionais, mas por vias simbólicas de sublimação e de canalização para outros propósitos humanísticos.

O cuidado básico é a conquista do senhorio sobre si mesmo, que fundamentalmente consiste em criar um projeto de vida consistente que canalize e dê rumo a todas estas pulsões. Algumas merecem mais cuidado e precaução por causa de efeitos nocivos, como por exemplo a vontade de posse, de acumulação e de poder sobre os outros. Cada um deve aprender a renunciar no sentido de uma ascese que liberte de dependências e crie a liberdade interior, um dos dons mais preciosos da existência humana.

8.3.3 Cuidado como precaução contra as ciladas da vida

O cuidado como preocupação e precaução nos previne de ciladas que a própria vulnerabilidade humana nos pode preparar. Não somos onipotentes nem deuses inatingíveis pelos dramas humanos. Na verdade, podemos vacilar, mostrar-nos fracos e, por vezes, covardes. Se sabemos de nossa exposição às dimensões de sombra e se conhecemos nossos pontos fracos, podemos cuidar e nos precaver das situações que nos poderão fazer cair e perder o nosso Centro.

Talvez uma das chaves mais inspiradoras nos tenha sido oferecida por C.G. Jung com sua proposta psicanalítica de construir, ao longo da vida, um processo de individuação. Esse processo possui uma dimensão holística. Assume com destemor e humildade todas as pulsões, imagens, arquétipos percebidos em seu interior profundo. Cada um pode sentir-se um pequeno Hitler, bem como um Gandhi. Santo Agostinho ousadamente dizia que podemos ser simultaneamente Cristo e anticristo. Ouve o rugir das feras que o habitam, mas também o canto do sabiá que o encanta. Em cada um de nós se verifica a convergência das oposições. Como criar uma unidade interior cujo efeito seja a vivência da liberdade, da alegria de viver e da felicidade?

C.G. Jung sugere que cada um procure criar um Centro forte, um *Self* unificador que tenha a função que o Sol possui no sistema solar. Este consegue atrair em torno de si todos os planetas, dos mais áridos, como Saturno, aos mais vitais, como a Terra. Sateliza a todos de forma harmoniosa, de sorte que surge o sistema solar com sua elegância e beleza.

Algo semelhante deve ocorrer com o ser humano-psique: criar semelhante Centro. Alimentá-lo com reflexão, com interiorização, com meditação, com o fazer-se disponível a si mesmo. E não em último lugar, abrir-se à dimensão do sagrado e do espiritual. A religião, como instituição, não raro cerceia a vida espiritual dos fiéis por excesso de doutrinas, de ritos anacrônicos e de normas morais demasiado rígidas. Mas religião como espiritualidade desempenha uma função fundamental no processo de individuação. Cabe a ela ligar e re-ligar a pessoa com seu Centro, com todas as coisas, com o universo, dando-lhe um sentimento de pertença e de conectividade também com a Fonte originária de todo o ser.

A religião sempre exerceu na história a função de ancorar as pessoas em significados transcendentes que lançam alguma luz sobre os dramas humanos e abre a perspectiva de uma vida que vai para além da vida. Cuidar de sua interioridade é condição de paz interior e de superação do sentimento de abandono e de solidão (Boff. *Espiritualidade, caminho de transformação*).

O cuidado do homem-psique engloba também os outros que participam de sua vida e do ambiente psíquico de toda a sociedade. A dilaceração das relações sociais, que se revelam nos jovens dependentes de drogas, na quebra de qualquer limite e na violência assassina praticada em escolas ou nas matanças de pessoas negras, pobres e homoafetivos, muitos deles absolutamente inocentes, assassinados simplesmente por serem o que são, mostram a desestruturação psíquica de toda uma sociedade.

8.3.4 *Cuidado como precaução pela sanidade social*

O cuidado e a preocupação pela sanidade social não poderão passar ao lado da educação humanística, ética e cidadã. O grande obstáculo reside na lógica do sistema imperante, que magnifica permanentemente o individualismo, o consumo de bens materiais, a despreocupação com os valores intangíveis e civilizatórios, da gentileza, do bom trato e do respeito a cada pessoa. Ao contrário, pelos meios de comunicação de massa, exalta-se a brutalidade, o uso da violência para resolver os problemas e se inculca a prepotência e a arrogância dos "heróis" midiáticos.

Onde não vigorar o cuidado, como poderá vicejar a vida, já que o cuidado é da essência da própria vida, seja pessoal, seja social? Esta destruição sistemática do universo do cuidado é um indício irrefutável da decadência de uma civilização, mina a base de sua sustentação e se autocondena ao desaparecimento.

É o caso de nossa moribunda civilização ocidental, que se globalizou e que, junto com valores inestimáveis que exaltam o humano, levou, para todos os cantos do planeta, seu vírus letal do pensamento único, do espírito imperial e da arrogância de saber e fazer melhor do que os outros. Tempos mais promissores de vida e de cuidado seguramente virão.

9

Cuidar do próprio espírito e o dos outros

Como fizemos com o conceito de corpo faremos também com o conceito de espírito. Propomo-nos a alargar sua compreensão, pois somos herdeiros de uma interpretação que empobrece a sua realidade. Socorrem-nos as ciências da vida e a nova cosmologia que, no processo de evolução, não apenas levam em consideração seus aspectos físicos e determinísticos, mas incluem o que é mais importante como a vida, a subjetividade e a consciência.

Todas estas dimensões revelam o universo em sua exterioridade, que a física e astrofísica captam, mas também em sua interioridade, que as ciências da vida tentam decifrar.

9.1 O que é o espírito na nova cosmologia

Entender o espírito como uma substância invisível e imortal é dizer meia-verdade e limitar sua amplitude. Tal entendimento não faz referência sobre o seu enraizamento no universo nem fala de seu lugar no conjunto de todas as relações, já que tudo é relação e nada existe fora desta. Não há um espírito como substância imortal que existe em si e para si mesmo. Ele se encontra sempre enraizado na materialidade do processo de evolução.

No entanto, hoje nos é permitido asseverar que o espírito possui a mesma ancestralidade que as energias e a matéria originária. Ele estava presente já no primeiro momento em que o universo surgiu (Zohar. *O ser quântico*). Isso se tornou mais convincente quando se descobriu que a matéria não possui apenas massa e energia, mas também uma terceira dimensão, sendo portadora de informação.

A informação nasce do jogo de relações que todos os seres entretêm entre si. Quando os dois primeiros hádrions (primeira formação de matéria) ou, em seguida, os topquarks (as partículas menores de matéria subatômica) se encontraram, ocorreu uma troca de energia e de matéria. Cada qual se modificou. Ficaram marcas desse encontro. Estas, que vão se acumulando, são as informações.

Todos os seres são produtores e portadores de informações, inscritas em seu código genético. Estas vão se estocando e se organizando mais e mais, na medida em que o universo avança e ganha maior complexidade. No nível humano se alcança um patamar elevadíssimo de complexidade a ponto de a informação aparecer na forma de consciência reflexa (Morin. *L'identité humaine*, p. 87-104). Ela está em cada parte de nosso "corpo" (o código genético presente em cada célula), mas se organiza em ordens a partir do cérebro, cujos neurônios sobem a cifras de bilhões em número com trilhões de sinapses (conexões) entre eles.

É importante enfatizar que essa consciência pertence ao universo; em nosso caso, à nossa galáxia, ao nosso sistema solar, ao planeta Terra e, por fim, a cada pessoa humana. A consciência possui sua pré-história até irromper em nós. Nós não temos espírito como não temos corpo. Somos homem-espírito, bem como homem-corpo, como já assinalamos anteriormente.

O que é o homem-espírito ou o espírito humano? É aquele momento da consciência em que ele se dá conta de si mesmo, sente-se inserido num todo maior e se abre ao Infinito. O espírito é o ápice da autoconsciência.

Qual é a singularidade do espírito? Reside em sua capacidade de criar unidade, de fazer uma síntese das informações e formar um quadro coerente; é a capacidade de discernir nas partes o Todo e o Todo nas partes, pois compreende que há um fio condutor, um elo que une e re-úne todas as coisas. Estas não estão jogadas arbitrariamente, mas se articulam em ordens e das mais diferentes formas. Constituem um Todo orgânico, sistêmico e holístico, fruto da conexão cósmica de base (Laszlo. *Conexão cósmica*, p. 203-210).

Esse Todo não é algo estabelecido uma vez por todas, mas é dinâmico. Passa por fases caóticas e desordenadas para, em seguida, reordenar-se e ganhar novamente equilíbrio e harmonia (Prigogine. *Order out of Chaos*, 1984). Espírito, portanto, é a capacidade presente no universo de criar sínteses das relações e unidades sistêmicas a partir dessas relações. O espírito é um princípio cosmológico, quer dizer, pertence à estrutura e à dinâmica do universo e que permite entendê-lo assim como é, pois esta é a sua função enquanto princípio. Por isso, diz-se que o universo é espiritual, pensante, consciente, porque ele é reativo, panrelacional e auto-organizativo. Em seu devido grau, todos os seres participam do espírito (Goswami. *O universo autoconsciente*).

A diferença entre o espírito de uma floresta e o do ser humano não é de *princípio*, mas de *grau*. O mesmo princípio funciona em ambos, mas de forma diferente. Em nós, criando subjetividade, unidades significativas e alta capacidade de relação. Na floresta, com uma expressão própria, também gestando uma unidade e uma totalidade dinâmica, entrelaçando as relações, de forma que a floresta aparece como floresta, por sua vez, também conectada com todo o universo, com suas energias e com as forças diretivas da vida e da Terra.

9.2 Características do homem-espírito

Formulada esta compreensão inicial, cabe perguntar: Quais são as características distintivas do homem-espírito ou do espírito humano?

9.2.1 *Um ser de transcendência*

A primeira e mais inconfundível delas é sua dimensão transpessoal, também chamada transcendência. Dimensão transpessoal ou transcendência significa, aqui, o fato de o espírito humano não ser cerrado e limitado em sua própria realidade; ele sempre desborda e transborda qualquer limite. Transcendência é estar aberto em totalidade, para si mesmo, para o outro, para o mundo e para o Infinito. É sua abertura total (Boff. *Tempo de transcendência*).

Por isso, diz-se que o homem-espírito habita as estrelas. Quer dizer, com seu espírito atravessa os espaços infinitos e ultrapassa todos os limites espaçotemporais. Por ser transcendente, o homem-espírito é panrelacional, pode entabular relações com todos os tipos de seres. Para ele não há horizontes que se fecham, cada horizonte se abre a outro e a outro, e assim indefinidamente.

Agora podemos entender as razões que nos levaram a afirmar no capítulo anterior (que abordou o homem-psique) por que o ser humano é um projeto infinito e é devorado por um desejo nunca saciável, a não ser na comunhão com o Infinito real, que é a Última Realidade, Deus.

9.2.2 A conexão com o Todo

Essa capacidade de transcendência liga o homem-espírito ao Todo. Ele se sente mergulhado nele e se percebe parte dele. Esse Todo não está em nenhum lugar, por isso está em todos os lugares.

É próprio do homem-espírito se interrogar sobre a natureza desse Todo que o envolve. Todos os nomes de qualquer língua e cultura terminam por dizer: é o Ser ou simplesmente Deus. O extraordinário do homem-espírito é poder entrar em comunhão com Deus. Agradecer-lhe pela *grandeur* do universo e pelo dom da vida. Louvá-lo por sua magnanimidade e amor, por ter criado todas as coisas e continuar dizendo a cada momento: *fiat, faça-se, renove-se e exista!* Dançar diante dele e cantar hinos e louvações.

Mas também, por causa do caos que pode se manifestar no universo, na Terra e na vida, chorar diante dele e perguntar: Por que, ó Deus? Por que permites a morte de tantos inocentes num tsunami e num terremoto, e mesmo, como se relata na crônica cotidiana, a morte de um estudante inocente por bala perdida numa troca de tiros entre polícia e bandidos? Todos nos fazemos um pouco como Jó, que questiona, critica, rebela-se diante de Deus para, por fim, calar-se reverente diante do mistério, porque, apesar de tudo, descobre que "Deus é o soberano amante da vida" (Sb 11,21), que não permitirá que o luto, a lágrima e a desgraça tenham a última palavra.

9.2.3 Um ser de liberdade como autodeterminação

Outra característica do homem-espírito é sua liberdade, que é a capacidade de autodeterminação pessoal. Sempre há determinações vindas dos vários enraizamentos que a existência apresenta: de origem, de classe, de cor, de inteligência etc. Mas o ser humano, por si mesmo (auto), pode confrontar-se com essas determinações. Pode assumi-las, rejeitá-las e modificá-las. Preside nele uma força que lhe permite sobrepor-se a tais determinações.

Elas o limitam (não há liberdade sem limites), mas não podem aprisioná-lo. Mesmo escravizado sob ferros, é um ser livre, pois essa é sua essência enquanto espírito.

A história humana é a história da liberdade, do rompimento de amarras, de conquistas de espaços de autodeterminação e de plasmação de sua vida e destino. Na história que conhecemos a liberdade, embora intrínseca ao ser humano, nunca é simplesmente concedida, mas conquistada num processo de libertação, isto é, aquela ação que cria a liberdade. Paulo Freire, o grande educador, nos deixou esta lição: "Ninguém liberta ninguém; nos libertamos sempre juntos".

Toda criatividade, todo o universo das artes, da ciência e da técnica têm por base a liberdade. Sem esta a comunicação se transforma em farsa e a palavra mais esconde do que revela.

Porém, mais do que tudo, é a liberdade que torna o ser humano um ser ético, responsável pelos atos e suas consequências, que decide pelo bem e pelo mal, para ele e para os outros. A liberdade lhe permite ser um anjo bom ou um malfeitor e criminoso.

Só um ser livre pode doar-se totalmente ao outro ou a uma causa e fazer-se mártir. Há valores pelos quais vale a pena dar a vida. Morrer assim é digno. Estes que se sacrificaram, especialmente contra os que sequestraram a liberdade e se arriscaram para reconquistá-la para si e para os outros, permanecem na memória da sociedade. A eles se erguem monumentos e se escrevem poemas, não para seus algozes.

É pela qualidade do exercício de nossa liberdade que seremos julgados pelo tribunal supremo. É por ela que se define nosso destino derradeiro e o quadro final de nossa existência.

9.2.4 *A capacidade de amar e de perdoar*

Outra característica singular do homem-espírito é sua capacidade de amar. O amor irrompe como uma força cósmica, decantada por Dante Alighieri em sua *Divina comédia* e por todos os grandes espíritos. O amor é tão excelente que para os cristãos define a própria natureza íntima de Deus: "Deus é amor" (1Jo 1,10).

Eugênio Paes Campos o disse bem: "O ato de cuidar é a materialização de um sentimento de amor" (*Quem cuida do cuidador*, p. 59). Amar é fazer de si mesmo dom ao outro, é entregar-se incondicionalmente ao outro, é senti-lo dentro, é fazer o impossível para estar junto da pessoa amada, é não entender mais a vida sem o amado ou a amada, é experimentar o inferno quando, por qualquer razão, o amor já não existe e não tem mais volta. Sem o amor desaparece todo o brilho, toda a alegria e todo o sentido da vida. Perder o amor é, então, querer morrer.

Mas o homem-espírito também pode odiar, rejeitar, torturar barbaramente, bestializar-se completamente quando tomado de ira incontrolável e de vontade destrutiva. Essa sombra também faz parte de sua realidade.

O homem-espírito igualmente pode perdoar. Eis outra característica sua. Perdoar não significa esquecer a ferida que ainda sangra, mas consiste em não se fazer refém dela, permanecendo aferrado ao passado. Perdoar é liberar-se para o amanhã e para novas experiências.

9.2.5 *A capacidade de compaixão*

Junto com o perdão vem a capacidade de compaixão, característica das mais nobres do espírito. Compaixão, tão necessária face ao oceano de sofrimento em que estão mergulhadas a humanidade e a Mãe Terra, é assumir o lugar do outro, não deixá-lo sofrer só, oferecer-lhe um ombro, estender-lhe uma mão, chorar junto e pôr-se solidariamente no mesmo caminho, lado a lado. Tudo isso pode o homem-espírito (Boff. *Princípio de compaixão e cuidado*).

Mas também a ausência da generosidade e da compaixão pode assumir formas apocalípticas. Três dias antes de se suicidar, a 27 de abril de 1945, Hitler escreveu em seu diário: "No fim de tudo vem-me o arrependimento de ter sido tão generoso" (Johnson. *Tempos modernos*, p. 345). Generosidade sinistra por não ter conseguido dar uma solução final aos judeus (*Endlösung*) – mandou às câmaras de extermínio seis milhões deles – e de não ter podido mandar exterminar trinta milhões de eslavos, como havia determinado.

9.2.6 *O eterno buscador*

Outra característica do homem-espírito é a de ser o eterno interrogador. Permanentemente ele está atormentado por perguntas últimas. Só ele as faz porque é portador de autoconsciência, inteligência e percepção do Todo: Quem criou o universo? Por que existem as mais de cem bilhões de galáxias com suas incontáveis estrelas e planetas? Por que estou aqui? Por que nasci e para quê? Qual é o meu lugar e a minha missão neste conjunto indecifrável de seres? Como me comportar diante do outro e da natureza? Terminada a minha jornada neste pequeno planeta, para onde vou? O que posso, finalmente, esperar?

As respostas não estão codificadas em nenhum manual, embora textos sagrados e filosofias sem conta se esforcem para oferecer respostas apaziguadoras. Mas nenhuma delas substitui a nossa própria tarefa existencial de formular uma resposta pessoal que empenhe todo o nosso ser.

Mesmo as pessoas mais céticas e descrentes podem por algum tempo se furtar fazendo estas indagações. Estas pertencem à estrutura de nosso espírito, e quando menos esperamos emergem sem podermos recalcá-las, porque possuem uma força intrínseca de sempre se proporem. Não é sem razão que geralmente são os ateus aqueles que mais falam de Deus, mesmo que seja para negá-lo. A negação não consegue matar a pergunta existencial. Ela sempre desponta com o vigor do broto depois da chuva sobre o chão ressequido.

9.2.7 Um ser capaz de uma grande síntese

Por fim, uma característica básica do espírito é sua capacidade de síntese. Como a natureza do espírito é relacional, cabe a ele fazer a síntese entre o céu e a Terra, entre o imanente e o Transcendente, entre a exterioridade e a interioridade. Como a psique precisa de um Centro para ordenar todas as energias e pulsões que a habitam, o espírito sente-se perdido ou cindido ao meio se não lograr uma síntese, não teórica, mas vital-existencial, que dê direção à sua vida. Por isso, cada um possui, consciente ou inconscientemente, uma cosmovisão, isto é, uma leitura do mundo, uma interpretação do curso da história, uma visão de conjunto.

O espírito não aguenta uma esquizofrenia existencial que separa, opõe, desune e atemoriza a realidade. Ele precisa de um quadro ordenador de todas as suas experiências, ideias e sonhos.

Muito mais caberia dizer do homem-espírito, mas bastam-nos estas referências para fundamentar nosso intento de pensar tal realidade à luz do paradigma do cuidado.

9.3 Cuidar do espírito: viver a espiritualidade

Como se deriva das reflexões feitas, o espírito é uma realidade tão sutil e sujeita a tantos percalços – exatamente por ser o melhor e mais alto de nós mesmos –, que nós devemos cuidá-lo zelosamente e nos preocuparmos para preservá-lo com todo o seu caráter infinito.

9.3.1 A espiritualidade para além da religião

Cuidar do espírito comporta cultivar a espiritualidade (Boff. *Espiritualidade, caminho de transformação*. • Leloup. *Cuidar do ser*, p. 98ss. • Leloup. *Uma arte de cuidar*, p. 35ss.). Precisamos libertar a espiritualidade de seu enquadramento na religião. Não existe, por certo, religião sem espiritualidade; ela nasce de uma profunda experiência espiritual. Mas pode existir espiritualidade sem religião.

Cuidar da espiritualidade é cultivar a permanente atitude de abertura face a qualquer realidade. É estar disponível ao nó de relações que a própria pessoa é. É viver concretamente a transcendência, quer dizer, não se deixar prender por nenhuma das realidades determinadas, o que não significa não se engajar e assumir com seriedade as responsabilidades. Mas saber estar para além delas; nem afundar-se com elas quando fracassam, nem apegar-se a elas quando triunfam.

9.3.2 A importância da meditação

Espiritualidade pede silêncio, e este não significa nada dizer, mas abrir espaço para que outra palavra possa ser ouvida, que nos vem do profundo de nós mesmos, vinda da consciência, do próprio Deus. A meditação nasce deste fazer silêncio. Como diz um mestre da educação do amor, o Prof. Luiz Cláudio Costa, reitor da Universidade Federal de Viçosa: "A meditação não está ligada a nenhuma fé religiosa. A meditação é um processo de busca do eu interior, ou seja, do ser verdadeiro. [...] O encontro com o eu interior, que muitas vezes ocorre durante o processo meditativo, pode ser, não raro, extremamente doloroso. Afinal, não é agradável encontrarmos com o nosso lado sombra ou com nossa subpersonalidade e descobrimos que agimos de modo egoísta, que somos invejosos e orgulhosos. Não desistamos nem nos culpemos. É o início da libertação" (*A educação do amor*, p. 30s.).

A meditação não vai resolver nossos problemas pessoais e profissionais, nem nos livrar de conviver com pessoas desagradáveis e mal-educadas. Mas nos dá a serenidade e a força interior de lidarmos com tais situações e até de crescermos com elas.

O cuidado do espírito e da espiritualidade implica não colocarmos entraves na convivência com os tantos outros com os quais temos que partilhar a vida. Viver espiritualmente é acolhê-lo. Diz a lenda, confirmada pelas escrituras judaico-cristãs, que um casal idoso e pobre, ao acolher um miserável, descobriu ter hospedado Deus (Boff. *Hospitalidade*). O cuidado do espírito leva a cultivar a bondade, a benquerença, a solidariedade, a compaixão e o amor. Estes são os valores que constituem a substância da espiritualidade, que nos acompanham ao longo da vida e que os levamos para dentro da morte.

Cuidar do espírito é alimentá-lo com os bens próprios do espírito, que não se encontram à venda no mercado nem estão no leilão das bolsas, que são a interiorização, a meditação, a vivência do silêncio que permite ouvir a voz que vem das profundezas do Centro e da síntese interior. Às vezes este cuidado se faz por uma conversação sincera com o amigo, com a leitura de algum livro, com a assistência de algum filme, vídeo ou teatro. Ou simplesmente ouvindo com atenção o que pensa da vida o comerciante da esquina, o chofer de táxi, o vendedor ambulante e as queixas do esmoler da rua.

9.3.3 *A comunhão com o mistério e com Deus*

Cuidar do espírito é abrir-se ao mistério do mundo e ao mistério maior, que é a Última Realidade, ou Deus. Espiritualidade não se resume em pensar sobre Deus, mas em senti-lo no coração, poder dialogar com Ele e auscultar sua voz que vem de todas as direções, mas especialmente Ele se faz ouvir pelos chamados de nossa consciência. Importa fazer a passagem da cabeça ao coração, porque é o coração que sente, venera, ama a Deus.

O resultado deste cuidado se faz logo sentir por uma vida mais serena, por uma paz que nenhum calmante ou droga podem produzir. É levar a vida como quem se sente na palma da mão de Deus. Então, por que temer? Existe desfrute maior do que se ver livre dos medos e se sentir acompanhado por um olhar amoroso, sabendo que esse olhar é do próprio Deus, Pai e Mãe de bondade?

9.3.4 *O cuidado para com o ambiente social*

Cuidar do espírito também envolve o cuidado do ambiente social, o cuidado dos outros para que a atmosfera envolvente não se faça tão desumana, obsessionada pela busca do prazer, do consumo e do descontrole dos instintos, danosos para a pessoa e para os outros. Nesse campo há muito o que fazer, começando cada um em si mesmo, fazendo sua revolução molecular e ao mesmo tempo se recusando a entrar nos "esquemas deste mundo", segundo o Apóstolo Paulo, e reforçando todas aquelas iniciativas que representam alternativas e sementes de um novo tipo de civilização.

Como sustentamos em nossos textos, o cuidado em seu núcleo essencial exige um outro tipo de paradigma civilizacional no qual o capital espiritual se constitui um dos eixos centrais, capaz de criar um rosto mais humano e fraterno ao convívio humano, com os outros e com toda a natureza.

Permito-me terminar este capítulo com uma afirmação que se tornou quase banal, mas que não perde em verdade e atualidade: o novo mundo ou será mais espiritual ou não será. Razão a mais para cultivarmos com carinho e preocupação o cuidado essencial e necessário.

10

O cuidado na medicina e na enfermagem

Como fizemos com os conceitos de corpo, psique e espírito, aqui também alargaremos nossa compreensão de saúde, doença e cura. Existe vastíssima literatura nacional e internacional sobre este tema específico do cuidado de excelente qualidade, que aqui e acolá referiremos.

Vale ressaltar, entre outras, a figura da enfermeira e pesquisadora Vera Regina Waldow, que com sucessivas obras tem contribuído para que este tema ganhasse mais e mais relevância em nosso sistema de saúde. Nós nos valeremos desta literatura agregando-lhe, no entanto, uma perspectiva vinda da ecologia integral e da nova cosmologia, que vê a conectividade entre Terra e humanidade e entre saúde da Terra e a saúde humana. Esta perspectiva está pouco representada na literatura conhecida.

10.1 Superação do antropocentrismo e do sociocentrismo

Para equacionarmos adequadamente as questões que iremos abordar precisamos superar alguns obstáculos epistemológicos de base (o que facilita ou dificulta a compreensão).

O primeiro é o *antropocentrismo*, que pretende pensar a saúde, a doença e a cura como questões que concernem apenas ao ser humano, sem levar em conta a sua realidade concreta, sempre relacionada com a sociedade e com a natureza. O ser humano estende suas raízes para dentro dessas realidades e é parte delas.

Um dos reducionismos, verdadeiro vício de nossa cultura, consiste nesta centração exclusiva do ser humano sobre si mesmo, que marca todos os nossos saberes e instituições. Imagina-se que o ser humano é tudo: o começo, o meio e o fim de todas as coisas. Tal fato nos isolou de nosso entorno, desenraizou-nos e gerou o sentimento de solidão e de errância, pois não somos os únicos que a Terra gestou nem estamos sozinhos neste mundo.

O segundo obstáculo é o *sociocentrismo*, quer dizer, nos concentramos só na sociedade, como se ela existisse à parte, fora e sem a natureza, e ela prescindisse de água, de alimentos, de ar, de plantas e animais, ilusoriamente dependurada das nuvens. Apenas reconhecemos o contrato social (os acertos que fazemos entre nós para conviver no direito e na justiça), sem articulá-lo com o contrato natural (as relações de mutualidade para com a Mãe Terra pelos bens e serviços que ela gratuitamente nos presta). Ambos os contratos traduzem as duas dimensões do ser humano, seu lado natural (contrato natural) e seu lado cultural (contrato social), sendo que um não pode ser vivido em detrimento e até com esquecimendo do outro.

Temos que ultrapassar esses reducionismos e nos entender como ecocêntricos, biocêntricos, terracêntricos e cosmocêntricos, porque assim é a nossa realidade concreta, independente das interpretações que dermos a ela. Em outras palavras, precisamos nos entender como parte do cosmos, um elo da cadeia da vida (com todos os demais seres vivos, possuímos o mesmo código biológico de base) e a porção da Terra que sente, pensa, ama e venera (Boff. *Declaración Universal del Bien Común de la Madre Tierra y de la Humanidad*, 2011).

Da harmonização destas relações, ou da ausência delas, formando um jogo dinâmico, resulta a nossa saúde e a nossa doença, e identificamos aí os meios de nossa possível cura. Expressando-o diretamente: se estamos doentes é porque a Terra está doente e nós somos a sua parte consciente e inteligente. Na medida em que vamos construindo um equilíbrio entre todas as dimensões referidas acima, também vamos ficando saudáveis, curando a nós mesmos e contribuindo para a cura da Mãe Terra.

Os antigos já tinham se dado conta dessa imbricação entre saúde e natureza. Hipócrates, o pai da medicina na Antiguidade, já ensinava: "Se quiseres praticar a medicina, observe os seguintes pontos: 1) considere o efeito das quatro estações do ano em suas diferentes manifestações; 2) estude os ventos frios e quentes, consoante os lugares; 3) dê suma importância à água".

Os mestres da medicina no Oriente começam por perguntar ao paciente: "Que ar respira, que água bebe, que alimentos ingere e que chão pisa?"

Como se depreende, aqui há uma vinculação consciente do ser humano com a natureza. Ela é fonte de saúde e também seu meio mais imediato de cura. A tecnificação e artificialização de toda a nossa vida, operada pela modernidade ocidental, fez-nos esquecer a natureza, empobrecendo enormemente nosso campo de experiência e nossa própria autocompreensão. Mas lentamente esse encurtamento está sendo superado por uma medicina que se confronta com os novos paradigmas e, assim, abre outras possibilidades de compreensão e de integração do ser humano sadio ou doente.

Mas antes de abordarmos esta questão queremos superar outro obstáculo em nossa compreensão: O que se entende por saúde, por doença e por cura?

10.2 Saúde: equilíbrio de corpo-mente-espírito-natureza

Há uma definição de saúde, tida como oficial, por vir da Organização Mundial da Saúde: "É um estado de bem-estar total, corporal, espiritual e social, e não apenas a inexistência de doença e fraqueza".

Ela contém verdade porque recobre várias dimensões da vida, inclusive a espiritual. Mas qualquer definição de saúde que não incorpore a natureza e a morte é insuficiente e, no fundo, enganosa.

Primeiramente, a natureza. Ela não é apenas o meio ambiente do discursco ecológico convencional. A natureza é vida; é a permanente manifestação daquela Energia de Fundo que de modo ininterrupto tudo sustenta, vivifica e ordena. Ela está sempre fluindo em todos os seres, especialmente nos seres humanos (Boff e Hathaway. *O Tao da libertação*).

Somos parte da natureza e ela é o substrato de tudo, da vida, da sociedade e da cultura. A natureza por si mesma nunca construiria um aparelho de televisão ou um avião nem pintaria um quadro de Portinari. Mas tais realidades culturais só são possíveis porque seus materiais provêm, de alguma forma, da natureza.

Esta é o conjunto das energias; é a organização da complexidade da matéria, de onde sempre emerge a vida; são os fatores físico-químico-ecológicos que, articulados entre si, dão sustentação à vida; é o universo dos micro-organismos que aos trilhões e quintilhões estão no solo e aos bilhões em cada centímetro quadrado de nosso corpo, de nossa língua e de nosso intestino; é a cadeia alimentar, fundada na biodiversidade, que mantém e renova permanentemente nosso ciclo vital (Boff. *Ethos mundial*, p. 65-73. • Boff. *Opção Terra*).

Não incluir na saúde a natureza com sua intrincada complexidade não é falar da saúde humana real, pois esta não pode ser pensada e realizada prescindindo da natureza. O mesmo vale para a cultura, pois somos seres culturais e os padrões culturais também influenciam na saúde, na doença e na cura.

Quando a Energia de Fundo flui em toda nossa vida, no homem-corpo, no homem-psique e no homem-espírito, estamos em situação de saúde. Quando, por alguma razão, deixa de fluir, adoecemos. Quando ela retoma seu curso e se equilibra em nós, voltamos a ser saudáveis. Voltaremos ainda ao tema da saúde.

10.3 Vida saudável e a integração da morte

Na definição da Organização Mundial da Saúde há uma lacuna a se lamentar. Não se faz qualquer referência à morte. Falar de saúde e de vida sem falar de morte não é falar de saúde e de vida humana, porque a morte é parte da vida. Quer dizer, a vida é mortal, e por isso vulnerável, submetida à lei da entropia, segundo a qual ela vai irrefreavelmente e a cada momento gastando seu capital vital, pelo ato mesmo de viver, pelo trabalho, pelo cansaço, pelo mal-estar, pelas doenças, até se esgotar totalmente. E a Energia de Fundo cessa de fluir.

A compreensão da morte não se restringe ao seu aspecto biológico *objetivo*, mas também envolve a dimensão existencial *subjetiva*. Perguntamos: Como vivenciamos o processo diuturno da morte enquanto diminuição de energia, estresse, achaques, pequenas e grandes doenças?

A morte vai ocorrendo processualmente em cada momento da vida até o morrer. Pertence ao campo da morte viver existencialmente as perdas, os fracassos, as decepções, o obscurecimeno das estrelas-guia e o desaparecer de um horizonte de esperança.

Não basta viver porque não se morre. É próprio da vida irradiar e se traduzir em alegria de viver. Tudo isso e outros fatores entram na percepção mais englobante da morte, que deve ser incluída quando nos referimos à saúde e à doença. Como escreveu belamente um enfermeiro: "A vida nada mais é do que o mais fantástico, criativo e produtivo processo de morrer" (Arruda e Gonçalves. *A enfermagem e a arte de cuidar*, p. 85).

Concretamente, incluir a morte na vida implica aceitar que ela não vem de fora como uma ladra a nos roubar o que mais apreciamos. Desde que começamos a existir ela nos acompanha. Porque amamos a vida, mesmo mortal, esforçamo-nos por cercá-la de cuidados e preocupações, criando um *holding* para seu bem-estar e por seu futuro. Aceitar a morte dentro do desenrolar da vida comporta não se surpreender com a doença, com a dor e com todo tipo de limitações. Elas são da *condition humaine.*

Esta constatação realística nos permite questionar o alcance da definição da OMS, que sustenta ser a saúde um "estado de bem-estar total". Isso suporia a ausência dos constrangimentos que a mortalidade da vida sempre traz. Ela não goza das condições de ser "total", pois isso anularia nossa implenitude e vulnerabilidade intrínseca, que vai desde um pequeno resfriado até a aparição de um quadro cancerígeno.

Ademais, não se trata de um "estado" como algo dado e fixado. Ele é frágil, sempre a ser construído e mantido. Este estado pode desfazer-se. Mais realisticamente diríamos: a saúde é mais do que um "estado", ela é uma "atitude", que é uma disposição de fundo, algo mais estável, aquilo que confere certo rumo à vida, como um projeto fundamental que ganha corpo nos atos e que qualifica os "estados" da vida, alguns com maior e outros com menor peso.

A vida, já refletimos anteriormente, possui a marca da ambiguidade, feita de altos e baixos, de impulsos e de pulsões para acolher ou para rejeitar. Tarefa humana, dissemos, é criar um centro, um eixo e uma síntese que equilibrem nossa conturbada condição humana; uma atitude de fundo orientada pela bondade, pelo amor, pela compreensão, pelo perdão, sabendo que seus contrários também, qual sombra, sempre nos acompanham (Leloup e Weil. *Espírito na saúde*, 1997). Eles não podem ser eliminados, mas não deixemos que determinem nossa atitude de fundo, a seta orientadora de nossa caminhada por esta vida.

Também pertence à compreensão da saúde não apenas o fato inevitável da morte, mas o sentido que lhe damos enquanto vivemos (Carvalho. *O cuidado ao término de uma caminhada*, p. 11-21). Esse sentido influencia a vivência da doença e da saúde. Pode ser um alimentador da vida, como também um acelerador da morte.

Como assumimos a morte? Com serenidade, com temor, com desesperança, com sentimento trágico? Como parte da vida, que nos permite a passagem alquímica para uma outra dimensão, por certo, cercada de mistéro, de incertezas, de surpresas e de mergulho na Fonte Originária de todo o ser? Morrer como quem vai ao encontro da pessoa amada? Como quem vai cair nos braços de Deus, Pai e Mãe de bondade, para o abraço infinito da paz e da felicidade?

Face a estas questões, cada um está só em suas convicções mais pessoais. Podemos e devemos, como enfermeiros e médicos, estar junto aos enfermos. Mas isso não impede que cada um formule, a seu modo, a sua resposta e, a partir dela, defina sua atitude fundamental de acolhida da lei da vida, ou de recusa e de revolta. Tudo isso não é indiferente para compreendermos o processo de morrer, especialmente em quadros irreversíveis e terminais.

Mostrar-se capaz de lidar com a mortalidade da vida exige certo grau de maturidade e de integração do mundo interior. Trata-se de uma *ars vivendi,* uma arte de viver que possibilita à pessoa integrar, em cada fase da vida, os altos e baixos, as luzes e as obscuridades, de forma a crescer e a ganhar liberdade interior, supremo dom da vida. Poder realizar este processo é revelar-se saudável, física, mental e espiritualmente.

Se conquistarmos esta habilidade, então a "doença e a fraqueza" a que se referia a definição da OMS não precisam significar danos fatais. Ser saudável não reside em estar livre de tais danos, mas em poder conviver com eles com autonomia, crescer com eles e se tornar mais plenamente humano.

Um enfermo pode estar por muito tempo preso à cama de um hospital, padecendo suas dores, mas se as assume com serenidade como parte da vida humana frágil e vulnerável e, se ainda alimentar uma dimensão espiritual, entregando-se aos desígnios do Mistério de Deus, este enfermo é saudável e sobretudo maduro e sábio. O efeito é uma certa irradiação benfazeja, própria de uma vida bem integrada.

10.4 O cuidado do luto e das perdas

Pertencem inexoravelmente à condição humana, as perdas e a experiência do luto. Todos somos submetidos à férrea lei da entropia: tudo vai lentamente se desgastando, perdendo durabilidade; o corpo enfraquece, os anos pesam, as doenças e achaques vão nos tirando irrefreavelmente nosso capital vital e a vontade de viver. Essa é a lei da vida no seu correr natural.

Mas também há rupturas nesse fluir natural. São as perdas que significam eventos traumáticos como a traição do amigo, um acidente grave que imobilizou pessoas queridas sobre a cama, a perda do emprego que tanto nos realizava, a perda da pátria pela emigração forçada e pelo exílio, deixando para trás casa, bens, amigos e paisagens queridas, a perda da pessoa amada pelo desquite ou divórcio, e, no limite extremo, pela morte repentina por um acidente ou um enfarto. A tragédia faz parte da vida. Ela atinge o coração, sequestrando o sentido e a alegria de viver.

Representa grande desafio pessoal trabalhar as perdas, alimentar a resiliência (o aprendizado dos fracassos e das crises existenciais) e superar a crise existencial. Especialmente doloroso é o desafio configurado pelo luto, que supõe uma perda de grande significado. Embora não se restrinja à morte, mas se estenda também, de certa forma, às muitas perdas que ocorrem ao longo da vida, é na morte que o luto mostra todo o peso do negativo. O luto possui uma exigência intrínseca: ele cobra ser vivido, sofrido, atravessado e, por fim, superado positivamente, na medida em que faz amadurecer a pessoa e, assim, elevá-la a um nível superior de densidade humana. Daí a importância do cuidado pelo luto.

Há muitos estudos sobre o luto, especialmente elaborado por Kübler-Ross (*A roda da vida*, 2001), Colin Murray Parkes (*Luto*, 1998), R. Roach (*Dying Well*, 1997) e Granger E. Westgerg (*Perdas & luto*, 2011) entre outros. Todos eles enfatizam vários passos que normalmente são percorridos na vivência dolorosa e libertadora do luto.

O primeiro é a *recusa*: face ao fato paralisante, a pessoa, naturalmene, exclama: "Não pode ser"; "É mentira". É o instinto de vida que rejeita o inesperado e o absurdo. Irrompe o choro desconsolado e o soluço que palavra alguma pode sustar.

O segundo passo é a *raiva* que se expressa: "Por que exatamente comigo? Não é justo que isso tenha acontecido". É o momento em que a pessoa percebe os limites incontroláveis da vida e reluta em reconhecê-los. Mas eles são implacáveis e colocam um muro intransponível ao nosso desejo. Descobrimos pesarosamente que a vida pode abrigar tragédias irreparáveis. Não raro nos culpamos pela perda, por não ter feito mais ou por termos deixado de fazer.

O terceiro passo se caracteriza pela *depressão*, pelo vazio existencial e pelo completo desinteresse das coisas exteriores, do mundo. Fechamo-nos em nosso próprio casulo e nos apiedamos de nós mesmos. Resistimos a nos restabelecer e ganhar altura. Atingimos o fundo do poço e alimentamos ainda a esperança de que algum sinal nos devolva a vontade de viver. Aqui toda palavra amiga, todo abraço, toda expressão de consolação que, mesmo parecendo convencional, ganham uma profundidade insuspeitada. É o anseio da alma de ouvir que ainda há sentido e que o horizonte da vida se turvou, mas que não morreu.

O quarto é o *autofortalecimento* mediante uma espécie de *negociação* com a dor da perda. A pessoa diz para si mesma: "Não posso sucumbir nem afundar totalmente; preciso atravessar esta noite escura até que se faça alguma luz e possa criar e educar os filhos, até me formar e ganhar minha vida". Trata-se da construção incipiente de um sentido que significa uma espécie de aurora que antecipa o nascer do sol da esperança.

O quinto e último ponto se apresenta como uma *aceitação resignada* e serena do fato incontornável. A pessoa acaba por incorporar essa ferida à trajetória de sua vida, que lentamente se cicatriza, mas que deixa um buraco na alma que nunca poderá ser preenchido. Ninguém sai do luto como entrou. Geralmente a pessoa amadurece forçosamente e experimenta que toda perda não precisa ser total; ela traz sempre um ganho existencial.

O luto configura uma travessia dolorosa. Por isso, precisa ser cuidado. Precisamos chorar a perda da pessoa amada com toda as lágrimas e plenamente. Devemos aceitar o obscurecer das estrelas-guia e vivenciar o absurdo que se instala no coração da vida. Ao morrer algum ente querido, de certa forma morremos junto, algo de nós partiu com ele.

Permito-me um exemplo autobiográfico, pois talvez explique melhor do que qualquer outra reflexão a necessidade de cuidarmos do luto.

Em 1981 perdi uma irmã muito querida com a qual tinha especial afinidade por seu carinho e ternura. Era a última de 11 irmãos. Em plena aula, por volta das 10h, diante dos alunos, deu um imenso brado e caiu morta. Caso raro na medicina: rompera-se-lhe a aorta.

Todos os 10 irmãos, vindos de várias partes do país, quase nos desesperamos pelo choque fatal. Choramos copiosas lágrimas. Passamos dois dias vendo fotos e recordando fatos engraçados da vida da irmãzinha querida. Meus irmãos e irmãs ficaram juntos vários dias realizando familiarmente o luto. Eu tive que partir no dia seguinte para o Chile, onde pregaria exercícios espirituais para os franciscanos de todo o Cone Sul. Tudo estava preparado e não poderia faltar. Fui com o coração partido. Cada palestra era um teste de autossuperação. Do Chile emendei para a Itália, onde tinha palestras de renovação da vida religiosa para toda uma congregação, cujos membros vinham de todo o mundo. Também não podia faltar, pois o convite fora aceito quase um ano antes.

A perda da irmã querida não me permitia concentração nem alívio, apesar de toda a compreensão que elaborei da ressurreição no exato momento da morte. Mas eis que me ocorreu algo inesperado; duas ou três vezes ao dia tinha um súbito desmaio. Tive que ser levado ao médico. Contei-lhe o drama que estava vivenciando. Ele logo intuiu e disse: "Você não enterrou ainda sua irmã nem fez o luto necessário. Enquanto não cuidar de seu luto e não a sepultar, você não melhorará. Algo de você morreu com ela e precisa ser ressuscitado. A figura dela tem que passar da frente de seus olhos, como visão carinhosa e triste, para atrás de sua cabeça, como memória doce e querida". Cancelei todos os demais programas. No silêncio e na oração cuidei do luto e incorporei a perda dolorosa. No termo do processo, junto com meu irmão também teólogo, Clodovis, sentados num restaurante, enquanto lembrávamos a irmã querida, escrevemos num guardanapo de papel o seguinte texto que colocamos no santinho de recordação para ser distribuído entre parentes e amigos:

> Foram trinta e três anos, como os anos da idade de Jesus.

Anos de muito trabalho e sofrimento.
Mas também de muito fruto.
Ela carregava a dor dos outros
em seu próprio coração, como resgate.
Era límpida como a fonte da montanha,
amável e terna como a flor do campo.
Teceu ponto por ponto e, no silêncio,
um brocado precioso.
Deixou dois pequenos, robustos e belos.
E um marido, cheio de orgulho dela.
Feliz você, Cláudia, pois o Senhor voltando
te encontrou de pé, no trabalho,
lâmpada acesa.
Foi então que caíste em seu regaço
para o abraço infinito da Paz.

Remexendo seus papéis, encontramos esta frase escrita numa folha avulsa, que nos deixou uma interrogação até os dias de hoje: "Há sempre um sentido de Deus em todos os acontecimentos humanos: importa descobri-lo". Nós cremos neste sentido que deve ser de amor e de bondade. Mas ele continua ainda oculto e misterioso para nós. Por isso, a saudade alivia a perda, mas não impede que lágrimas nos encham os olhos sempre que vemos uma foto dela abrigando ternamente o filhinho em seu colo materno.

10.5 A importância da espiritualidade para a saúde

Via de regra, todos os operadores de saúde – médicos e médicas, enfermeiros e enfermeiras – foram moldados pelo paradigma científico da Modernidade, cuja crítica já fizemos anteriormente. Ele operou uma separação clara entre corpo e mente, entre ser humano e natureza. Criou as muitas especialidades que tantos benefícios trouxeram para o diagnóstico das enfermidades e também para as formas de cura.

Reconhecido este mérito, não se pode esquecer que se perdeu a visão de totalidade: o ser humano inserido no todo maior, a doença como uma fratura dessa totalidade e a cura como uma reintegração nela (Angerami-Camon. *Espiritualidade e prática clínica*).

Há uma instância em nós, referida no capítulo anterior, que responde pelo cultivo dessa totalidade, que nos alimenta o sentimento de pertença e que zela pelo eixo estruturador de nossa vida: é a dimensão do espírito. De espírito vem espiritualidade, que é o cultivo daquilo que é próprio do espírito, sua capacidade de projetar visões unificadoras, de relacionar tudo com tudo, de ligar e re-ligar todas as coisas entre si e com a Fonte Originária de todo ser.

Se espírito é relação e vida, seu oposto não é matéria e corpo, mas a morte como ausência de relação. Nesta acepção, espiritualidade é toda atitude e atividade que favorece a expansão da vida, a relação consciente, a comunhão aberta, a subjetividade profunda e a transcendência como modo de ser sempre disposto a novas experiências e a novos conhecimentos. Espiritualidade é cultivar aquilo que Pierre Teilhard de Chardin chamava de *Meio Divino*, no qual existimos, respiramos e somos o que somos.

Neurobiólogos e estudiosos do cérebro identificaram a base biológica da espiritualidade. Ela se situa no lobo frontal do cérebro. Verificaram empiricamente este fato: sempre que se captam os contextos mais globais ou ocorre uma experiência significativa de totalidade ou também quando se abordam de forma existencial (não como objeto de estudo) realidades últimas, carregadas de sentido e que produzem experiências de veneração, devoção e respeito, verifica-se uma alta de vibração em hertz dos neurônios. Chamaram este fenômeno de "ponto Deus" no cérebro ou emergência da "mente mística" (Zohar. *A inteligência espiritual*, 2004). Trata-se de uma espécie de órgão interior pelo qual se capta a presença do Inefável dentro da realidade.

Este fato constitui uma vantagem evolutiva do ser humano que, enquanto homem-espírito, percebe a Última Realidade penetrando em todas as coisas. Dá-se conta de que pode, surpreendentemente, entabular um diálogo e buscar uma comunhão íntima com a Última Realidade. Tal possibilidade o dignifica, pois o espiritualiza e o leva a graus mais altos de percepção do Elo que liga e re-liga todas as coisas.

Este "ponto Deus" se revela por valores intangíveis como mais compaixão, mais solidariedade, mais sentido de respeito e de dignidade. Despertar este "ponto Deus", tirar as cinzas que uma cultura demasiadamente racionalista e materialista o cobriu é permitir que a espiritualidade aflore na vida das pessoas.

Portanto, espiritualidade não é pensar Deus, mas senti-lo mediante este órgão interior e fazer a experiência de sua presença e atuação a partir do coração. Ele é percebido como entusiasmo (em grego significa ter *um deus dentro*), que nos toma e nos faz saudáveis, dando-nos vontade de viver e de criar continuamente o sentido de existir e de trabalhar.

Que importância emprestamos a essa dimensão espiritual no cuidado da saúde e da doença? A espiritualidade possui uma força curativa própria. Não se trata, de forma alguma, de algo mágico e esotérico. Trata-se de potenciar aquelas energias que são próprias da dimensão espiritual, tão válidas como a inteligência, a libido, o poder, o afeto, entre outras dimensões do humano. Essas energias são altamente positivas, como amar a vida, abrir-se aos demais, estabelecer laços de fraternidade e de solidariedade, ser capaz de perdão, misericórdia e de indignação diante das injustiças deste mundo.

Além de reconhecer todo o valor das terapias conhecidas, da eficácia dos diferentes fármacos, ainda existe um *supplément d'ame*, como diriam os franceses, usando uma expressão de difícil tradução, mas rica de significado. Ela quer sinalizar um complemento daquilo que já existe, mas que o reforça e enriquece com fatores oriundos de outra fonte de cura. O modelo estabelecido de medicina não detém, por certo, o monopólio da cura e da compreensão da complexa condição humana, ora sã, ora enferma. É aqui que encontra o seu lugar, dentro do campo da medicina científica, a espiritualidade. Esta reforça na pessoa, em primeiro lugar, a confiança nas energias regenerativas da vida, na competência do médico e no cuidado diligente da enfermeira ou do enfermeiro. Sabemos pela psicologia do profundo e pela psicologia transpessoal do valor terapêutico da confiança na condução normal da vida. Confiar significa fundamentalmente afirmar: "A vida tem sentido, ela vale a pena, ela detém uma energia interna que a autoalimenta, ela é preciosa. Essa confiança pertence a uma visão espiritual do mundo" (Waldow. *O cuidado na saúde*, p. 130-159).

Pertence à espiritualidade a convicção de que a realidade que captamos com nossos sentidos e com os instrumentos de análise é ainda maior. Podemos ter acesso a ela pelos sentidos interiores, pela intuição e pelos segredos da razão cordial. Todos os cientistas sabem que a realidade não cabe totalmente em nossos conceitos. Percebe-se que há uma ordem subjacente à ordem sensível, como o sustentava o grande físico, Prêmio Nobel, David Bohm, aluno predileto de Einstein.

Esta ordem subjacente responde pelas ordens visíveis e ela sempre pode nos trazer surpresas. Não raro, os próprios médicos se surpreendem com a rapidez pela qual alguém se recupera ou mesmo com situações, normalmente dadas como irreversíveis, regredirem e acabarem levando à cura. No fundo, é crer que o invisível e o imponderável é parte do visível e do previsível. A visão quântica da realidade confirma o acerto desta perspectiva (Miranda. *O íntimo e o infinito*, p. 115-123).

Também pertence ao mundo espiritual a esperança imorredoura de que a vida continua para além da morte, de que nossos desejos de cura, nossos sonhos de voltar à vida normal deslancham energias positivas que contribuem na regeneração.

Força maior, entretanto, é a fé de se sentir sob o olhar bondoso de Deus e de estar, como filhos e filhas, na palma de sua mão. Entregar-se confiadamente à sua vontade, desejar ardentemente a cura e a vida, mas também acolher serenamente sua vontade de nos chamar para si. Na perspectiva espiritual a morte não é entendida como um desfecho trágico, mas como uma travessia na direção da Fonte da vida (Boff. *Vida para além da morte*, 2010).

Não morremos; Deus vem nos buscar e nos levar para onde pertencemos desde sempre, para a sua Casa e para o seu convívio. Aqui se aviva o "ponto Deus no cérebro" que se revela em tais convicções espirituais que funcionam como fontes de água viva. Estas contribuem para a saúde, no sentido que demos anteriormente, mesmo na inevitalidade de um desenlace.

10.6 O lugar do cuidado na medicina e na enfermagem

O cuidado é a ética natural dos operadores da saúde, do corpo médico e da equipe de enfermagem. Mas não podemos esquecer o trabalho inestimável que fazem os acompanhantes de idosos e os fisioterapeutas. Todos eles vivem o cuidado essencial diretamente ligado à sua atividade. Especialmente o desvelo que devotam a doentes terminais, seja em enfermarias, seja nas casas.

Como o cuidado pertence à natureza do humano, ele se faz presente em cada momento como zelo pela saúde e pelo *holding*, aquele conjunto de ações aptas a garantir as boas condições de vida. Mas ele ganhou seu perfil mais característico na medicina e na enfermagem, não com um ato esporádico, mas como uma atitude e um processo de envolvimento com tudo o que concerne à saúde e à cura dos pacientes (Waldow. *Cuidar, expressão humanizadora da enfermagem*).

A literatura na área, especialmente Almeida (1986) e Waldow (2006), tem estudado os passos pelos quais o cuidado foi penetrando no pensamento e nas práticas de saúde.

Estes parecem sucessivos, mas, na verdade, agiam junto e se articulavam entre si, de modo a garantir um procedimento mais integrado e, por isso, mais eficaz. Apontam-se três momentos principais.

No primeiro, o cuidado foi centrado no *sujeito*, no médico e na médica, na enfermeira e no enfermeiro (cuidados de enfermagem). Aqui tratava-se habilitar melhor os profissionais nos procedimentos a serem seguidos passo a passo, na utilização de certos materiais, nos comportamentos a serem assumidos nos diferentes casos e na higienização geral do ambiente. Mais do que o paciente, era a maneira cuidadosa de se executar os vários procedimentos que ganhava centralidade. Era o cuidado com o *sujeito*. Muitos médicos e médicas, buscando a permanente reciclagem de conhecimentos e de técnicas, abriram-se a uma visão mais integral do ser humano, indo além das clássicas temáticas restritas à saúde e à doença.

No segundo momento, o cuidado se orientou mais pelos "princípios científicos", derivados da moderna tecnologia. Especialmente a medicina norte-americana estava sempre na dianteira científica e tecnológica, produzindo progressos notáveis, com a invenção de novos aparelhos de intervenção, de análise e diagnósticos, e também com novos fármacos e coquetéis de vitaminas. O corpo de enfermagem teve que se apropriar de conhecimentos de anatomia, fisiologia, microbiologia e química, e também incorporar habilidades na utilização dos novos instrumentos. Imperou um certo culto à eficácia, o que aproximou muito o enfermeiro e a enfermeira dos médicos e médicas, com não poucas tensões e rivalidades. Era o cuidado com os *meios.*

Nesse campo a medicina tem se tornado uma ciência cada vez mais especializada, incorporando conhecimentos que não cessam de crescer e de serem difundidos dia a dia. Os médicos e médicas, além do aprendizado pela prática, obrigam-se a acompanhar os avanços científicos, hoje sempre maiores, num nível interdisciplinar. Por outro lado, voltou-se a reconhecer o caráter insubstituível do médico e médica generalista e da medicina familiar e comunitária, cujo escopo principal é realizar o atendimento primário básico, o que dispensa em grande parte as internações em hospitais. Aqui prevalece uma visão mais holística do ser humano em estado de doença e de saúde. Não raro, as próprias comunidades são inseridas no processo terapêutico, trocando os saberes populares pelos científicos, em benefício de uma medicina mais globalizadora e eficaz.

O terceiro momento, valendo especialmente para a enfermagem, ganhou força a partir dos anos 60 e 70 do século XX, centrando-se na atenção ao paciente e no seu cuidado. Nessa fase, chamada "das teorias da enfermagem", foram suscitadas as melhores reflexões que ainda prosperam, pois o cuidado ao paciente foi visto de uma forma mais holística e complexa, o que evocou a contribuição de muitos outros saberes, especialmente humanísticos, oriundos da antropologia cultural (os notáveis trabalhos da norte-americana Madaleine Leininger, que estudou 54 culturas diferentes e identificou 175 padrões de cuidado), da filosofia, com nomes conhecidos como Heidegger e Mayerhoff, da ética, com Nel Noddings, da psicologia, com Leloup, da sociologia e da ecologia, como eu mesmo abordei em meu estudo anterior: *Saber cuidar*.

Esta orientação também influenciou médicos e médicas, que compreendem sua atividade como cuidado integral do paciente, incorporando conhecimentos das áreas humanísticas, da psicologia do profundo e da nova cosmologia evolucionista.

O cuidar aqui significa o envolvimento amoroso com o paciente, a preocupação atenta com as várias situações, o acompanhamento solidário dos processos de cura e de resgate de sua esperança de viver. É o cuidado para com o *paciente*.

Cabe enfatizar que atualmente se faz um notável esforço para combinar esses vários momentos, seja por causa da nova consciência integradora que mais e mais se fortalece, seja pelos bons efeitos alcançados (Bermejo. *Humanizar a saúde*).

Como acontece a prática do cuidado? Vera Regina Waldow estudou detalhadamente esta questão, discutindo-a com a melhor literatura nacional e internacional. Seu sonho é que "a enfermagem seja conhecida e reconhecida como prática de cuidado" (*Cuidar, expressão humanizadora da enfermagem*, p. 86). O que ela diz da enfermagem vale *a fortiori* para a medicina. Em suas palavras: "Cuidar consiste em uma forma de viver, de ser, de se expressar; é uma postura ética e estética frente ao mundo; é um compromisso com o estar-no-mundo e contribuir com o bem-estar geral, na preservação da natureza, na promoção das potencialidades, da dignidade humana e de nossa espiritualidade; é contribuir na construção da história, do conhecimento da vida" (*Cuidar, expressão humanizadora da enfermagem*, p. 89).

Note-se a amplitude do conceito, especialmente abrindo-se para a preservação da natureza e para a espiritualidade, campos novos da diligência da medicina e da enfermagem.

Continua Waldow, que tem associado em sua vida larga prática de enfermagem com segura reflexão teórica, sem dúvida pertinente também para a medicina: "Os objetivos de cuidar envolvem, entre outros, aliviar, confortar, ajudar, favorecer, promover, restabelecer, restaurar, dar, fazer etc. O cuidado é imprescindível em todas as situações de enfermidade, incapacidades e durante o processo de morte; mesmo na ausência de alguma enfermidade e no cotidiano dos seres humanos, o cuidado é também imprescindível, tanto como uma forma de viver como de se relacionar" (p. 89).

O cuidado é fundamental na Atenção Primária à Saúde (APS), hoje mais e mais difundida no mundo inteiro, pois a maioria dos casos de doença pode ser resolvida por esta atenção, sem encaminhamento ao hospital. Se bem repararmos, o cuidado, seja como desvelo, atenção, gesto amoroso, seja como sentir-se afetivamente envolvido e preocupado com o outro pelos laços que se estabeleceram com ele, está ligado à vida, à sobrevivência e às relações humanas, inclusive com a natureza, cuja integridade e vitalidade é fundamental para a saúde pessoal e coletiva.

10.7 As atitudes de cuidado

Compendiando sumariamente as atitudes que o cuidado ao enfermo pede, podemos elencar as seguintes:

Compaixão: é a capacidade de se colocar no lugar do outro e sentir com ele. Não dar-lhe a impressão de que está só e entregue à sua dor.

Toque da carícia essencial: tocar o outro é devolver-lhe a certeza de que pertence à nossa humanidade, e o toque da carícia é uma manifestação de amor. Muitas vezes a doença é um sinal de que o paciente quer se comunicar, falar e ser ouvido (Dahlke. *A doença como linguagem da alma*). Sente enorme dificuldade de fazê-lo. Pelo toque se sente escutado e procura um sentido escondido atrás da doença que o enfermeiro ou a enfermeira, o médico ou a médica pode ajudá-lo a descobrir (Campos. *Quem cuida do cuidador*, p. 38. • Leloup. *Uma arte de cuidar*, p. 61-65).

Diz acertadamente uma enfermeira do Paraná, Darci Aparecida Martins: "Quando te toco, te cuido; quando te cuido, te toco... Se és um idoso te cuido quando estás cansado; te toco quando te abraço; te toco quando estás chorando; te cuido quando não estás mais andando" (Arruda e Gonçalves. *A enfermagem e a arte de cuida*r, p. 45-46).

Assistência judiciosa: o paciente precisa de ajuda e a enfermeira ou o enfermeiro deseja cuidar. A convergência destes dois movimentos gera a reciprocidade e a superação do sentimento de uma relação desigual. Cria-se um suporte que permite ao paciente manter relativa autonomia. Ele é incentivado a fazer tudo o que lhe é possível; deverá ser assistido somente quando não puder fazer por si mesmo.

Devolver-lhe a confiança na vida: o que o paciente mais deseja é resgatar seu equilíbrio perdido e voltar a ser saudável. Daí ser decisivo devolver-lhe a confiança na vida em suas energias interiores, físicas, psíquicas e espirituais, pois elas atuam de maneira medicinal. Também faz parte desta atitude incentivar gestos simbólicos no paciente, carregados de afeto. Não raro, os desenhos que a filhinha traz para o pai doente suscita nele tanta energia e comoção que reforçam o processo de sua cura, como se fossem remédios e vitaminas.

Fazê-lo acolher a condição humana: normalmente o paciente se interroga, perplexo: "Por que isso foi acontecer comigo, exatamente agora em que tudo na vida estava correndo a contento?" "Por que, jovem ainda, sou acometido de grave doença?" "Por que sou arrancado das relações familiares, sociais e do trabalho por causa da doença?" Tais questionamentos remetem a uma reflexão profunda sobre a *condition humaine*, que é, em todo o momento, exposta a riscos e a vulnerabilidades inesperadas.

Quem é sadio sempre pode ficar doente. E toda doença remete à saúde, que é o valor de referência maior. Mas não conseguimos saltar por cima de nossa sombra e não há como não acolher a vida assim como é: sadia e enferma, bem-sucedida e fragilizada, ardendo por vida e tendo que aceitar eventuais doenças e, no limite, a própria morte. Nesses momentos é que os pacientes fazem profundas revisões de vida, não se contentam apenas com as *explicações científicas* (sempre necessárias), dadas pelos médicos e médicas, mas anseiam por um *sentido* que surge a partir de um diálogo profundo com seu *Self* ou da palavra sábia de um sacerdote, de um pastor ou de uma pessoa espiritualizada. Eles resgatam, então, valores cotidianos que antes sequer percebiam, redefinem seu desenho de vida e amadurecem. A palavra tranquila e serena da enfermeira ou do enfermeiro, do médico ou da médica pode dar-lhe paz e sossego.

Acompanhá-lo na grande travessia: há um momento inevitável em que todos, mesmo a pessoa mais idosa do mundo, devem morrer. É a lei da vida, sujeita à morte. É uma travessia decisiva que deve ser preparada durante toda a vida, guiada por valores morais generosos, responsáveis e benfazejos.

Mas, para a grande maioria, a morte é sofrida como um assalto e um sequestro, diante da qual há o sentimento de impotência. A pessoa se dá conta de que deve, finalmente, resignar-se e entregar-se.

A presença discreta, respeitosa da enfermeira ou do enfermeiro, do médico ou da médica, e mesmo do acompanhante pegando-lhe a mão, sussurrando-lhe palavras de conforto e de coragem, convidando-o a ir ao encontro da Luz e da Fonte da vida, pode fazer com que o moribundo saia da vida sereno e agradecido pela existência que teve.

Sussurrar-lhe ao ouvido, se possui uma referência religiosa, as palavras tão consoladoras de São João: "Se teu coração te acusa, saiba que Deus é maior que teu coração" (3,20). Reforçar a experiência de que pode se entregar tranquilamente a Deus, que é de supremo amor e de misericórdia infinita.

Aqui o cuidado se revela muito mais como arte do que como técnica e supõe no agente de saúde densidade de vida, sentido espiritual e um olhar que alcança para além da vida e da morte.

Atingir este estágio é uma missão que o médico e a médica, o enfermeiro e enfermeira e os acompanhantes devem buscar para serem plenamente servidores da vida.

São inspiradoras as sábias palavras de Norman Cousins (1915-1990), jornalista e escritor, um dos maiores defensores do desarmamento nuclear. No dia em que os americanos lançaram a primeira bomba atômica sobre Hiroshima e Nagasaki, a 6 de agosto de 1945, ousou escrever um editorial com o título: "O homem moderno é obsoleto". Ali ele manifestou profunda culpa por esse ato de insanidade, e concluiu: "A tragédia da vida não é a morte, mas aquilo que deixamos morrer dentro de nós enquanto vivemos".

10.8 Quem cuida do cuidador?

As primeiras e mais ancestrais cuidadoras são nossas mães e avós, que desde o início da humanidade cuidaram de sua prole. Caso contrário, ninguém de nós estaria aqui para falar de cuidado. Importa lembrar a importância vital das mães crecheiras, que cuidam das crianças criando-lhes condições de saúde integral e de uma socialização bem-sucedida.

Não poderíamos, entretanto, concluir nossas reflexões sobre este tema sem fazermos uma menção a duas figuras que são um verdadeiro arquétipo do cuidado: o médico suíço Albert Schweitzer (1875-1965) e a enfermeira inglesa Florence Nightingale (1820-1910).

Albert Schweitzer era exímio exegeta bíblico e um dos maiores concertistas de Bach de seu tempo. Aos trinta anos, já com fama em toda a Europa, largou tudo, estudou medicina para, no espírito das bem-aventuranças de Jesus, cuidar dos mais pobres dos pobres (os hansenianos) em Lambarene, no Gabão. Em uma de suas cartas confessa explicitamente: "O que precisamos não é de missionários que queiram converter os africanos, mas de pessoas dispostas a fazer aos pobres o que deve ser feito, se é que o Sermão da Montanha e as palavras de Jesus possuem algum valor. Se o cristianismo não fizer isso, carece de sentido. Depois de ter pensado muito, algo ficou claro para mim: minha vida não está nem na arte nem na ciência, mas em ser um simples ser humano que no espírito de Jesus faz algo, por mais insignificante que seja" (Schweitzer. *Wie wir überleben können*, p. 25ss.).

Desprovido de recursos iniciais, improvisou um consultório num antigo galinheiro e atendeu seus pacientes enfrentando o clima hostil, a falta de higiene, o idioma que não entendia, a carência de remédios e instrumental insuficiente. Tratava de mais de quarenta doentes por dia, especialmente hansenianos.

Por cerca de quarenta anos viveu e trabalhou num hospital por ele construído com o dinheiro que ganhava na Europa em *tournés* de concertos de Bach, cuidando das mais diversas doenças. Teve tempo de escrever vasta obra, centrada na ética do respeito pela vida. Formulou, assim, seu lema: "A ética é a responsabilidade ilimitada por tudo o que existe e vive" (Schweitzer. *Was sollen wir tun?*, p. 29). Numa outra obra assevera: "A ideia-chave do bem consiste em conservar a vida, desenvolvê-la e elevá-la ao mais alto valor; o mal consiste em destruir a vida, prejudicá-la e impedir que se desenvolva plenamente. [...] Este é o princípio necessário, universal e absoluto da ética" (Schweitzer. *Wie wir überleben können*, p. 52 e 73). Foi um dos primeiros a ganhar o Prêmio Nobel da Paz. Fez-se referência de uma medicina fundada no cuidado e no respeito ilimitado pela vida, especialmente dos mais vulneráveis.

Outro arquétipo do cuidado pela saúde foi a enfermeira inglesa Florence Nightingale. Humanista e profundamente religiosa, decidiu melhorar os padrões da enfermagem em seu país. Com estudos em ciências, matemática, filosofia e línguas, primeiro visitou lugares onde se praticava uma enfermagem alternativa voltada para o paciente, como a Alemanha, Roma e Paris. Depois resolveu pôr em prática sua visão de cuidado. Desenrolava-se cruel a Guerra da Crimeia, na Turquia, onde se lançavam bombas de fragmentação, deixando muitos feridos.

Em 1854, com outras 28 companheiras, Florence se deslocou para o campo de guerra. Aplicando no hospital militar estritamente a prática do cuidado, em seis meses reduziu de

42% para 2% o número de mortos. Esse sucesso granjeou-lhe notoriedade.

De volta a seu país e depois nos Estados Unidos, criou uma rede hospitalar que aplicava o cuidado e, por escritos e palestras, anunciava que este deveria ser o eixo norteador da enfermagem e sua ética natural. Até os dias de hoje, mesmo com as mutações havidas e a flexibilização da disciplina que ela impunha, Florence Nightingale continua sendo referência inspiradora.

Há uma questão ligada ao cuidado que deve realisticamente ser abordada. O operador da saúde é por essência um curador. Cuida dos outros como missão e como opção ética. Mas quem cuida do cuidador?, perguntava-se o médico Dr. Eugênio Paes Campos num livro em que narra as experiências de uma unidade de cuidado, refletidas à luz das contribuições de R.W. Winnicott (Campos. *Quem cuida do cuidador*).

Temos sustentado a tese, ao longo deste nosso livro, de que o ser humano é, por sua natureza e essência, um ser de cuidado. Sente a predisposição de cuidar dos outros e também a necessidade de ser cuidado. Cuidar e ser cuidado são existenciais (estruturas permanentes) e indissociáveis.

Constata-se com frequência que a atitude de cuidado que envolve afetivamente o operador da saúde e o enche de preocupações para com o paciente é muito exigente. Especialmente se o cuidado constitui, como deve ser, não um ato esporádico, mas uma atitude permanente e consciente.

Desponta então no operador de saúde a vulnerabilidade humana. Não somos onipotentes como Deus, mas mortais, sujeitos ao cansaço, ao estresse e à vivência de pequenos fracassos e decepções. Sentimo-nos sós. Precisamos ser cuidados, caso contrário nossa vontade de cuidar se enfraquece. O que fazer, então?

Logicamente, cada pessoa precisa enfrentar com sentido de resiliência (saber dar a volta por cima) essa situação dolorosa. Mas tal esforço não substitui o desejo de ser cuidado. Em tais ocasiões é que a comunidade do cuidado, os demais operadores de saúde, médicos e a equipe de enfermagem devem entrar em ação.

Essa comunidade deve ser previamente estabelecida, fundada na comum vontade de assumir a postura do cuidado, de trabalhar articulada, respeitando-se, apoiando-se e, se for necessário, cuidando-se reciprocamente.

O enfermeiro ou a enfermeira, o médico ou a médica também sentem a necessidade de serem cuidados. Precisam se sentir acolhidos e revitalizados, exatamente como as mães fazem em relação aos seus filhos e às suas filhas. Outras vezes sentem necessidade do cuidado como suporte, sustentação e proteção, coisa que o pai proporciona ao seu filho e à filha.

Alguém do grupo assume essas funções de mãe e de pai cuidadores. Cria-se então o *holding* winnicottiano, quer dizer, aquele conjunto de cuidados e fatores de animação que no processo de crescimento são oferecidos pelo pai e pela mãe. As relações pai-mãe-criança são sustentadas pelo cuidado. Algo análogo ocorre com o grupo que se propôs trabalhar o cuidado. Juntos, apoiando-se reciprocamente, esse cuidado é revitalizado, reforçando o estímulo para continuarem no cuidado dos pacientes (Veronezze e Benfica. *Grupos terapêuticos*, p. 65-78).

Quando esse espírito de cuidado reina entre os operadores da saúde, existe e reinam relações horizontais de confiança e de mútua cooperação, superam-se os constrangimentos nascidos da necessidade de ser cuidado. Aceita-se como dado de realidade que quem cuida precisa ser cuidado. E deve-se aprender a fazê-lo, para que ninguém se sinta humilhado ou diminuído, mas, ao contrário, ajude a estreitar os laços e criar o sentimento de uma comunidade não só de trabalho, mas também de destino, fundada no cuidado.

Feliz é o hospital e bem-aventurados são aqueles pacientes que podem contar com um grupo de cuidadores. Não haverá operadores de saúde "prescrevedores" de receitas e aplicadores de fórmulas, mas "cuidadores" de vidas enfermas que buscam saúde. Ali seguramente haverá muito mais energia que flui e que influencia enormemente na cura dos pacientes.

11

O cuidado e a educação na era planetária

Sendo o cuidado um paradigma que propõe um novo modo de habitar a Terra e de organizar as relações do sistema-vida, do sistema-sociedade e do sistema-Terra, é natural que apresente também uma proposta própria de educação e de métodos pedagógicos.

Como, a partir do cuidado, deve se organizar o processo educativo? Entramos na era ecozoica, quer dizer, face à crise global que afeta todas as instâncias, está surgindo uma nova era na qual a ecologia (daí era ecozoica: o cuidado pela Terra) constitui um dos eixos articuladores da nova ordem do mundo. O sucesso desta nova era passará inevitavelmente pela incorporação ou não do paradigma do cuidado. É ele que nos dirá se teremos futuro como espécie e se a civilização poderá prosseguir em nosso planeta Terra. Assim como estão, as coisas não podem continuar. Estamos indo irrefreavelmente ao encontro de um incomensurável cataclismo que poderá destruir as bases para a nossa sobrevivência.

Não cabe nestas poucas páginas historiar, mesmo que sumariamente, os grandes momentos da educação na humanidade ou em nossa cultura ocidental, sobre os quais existe farta literatura (cf., p. ex., Gauthier e Tardif. *A pedagogia: teorias e práticas da Antiguidade aos nossos dias*, 2010). Queremos tão somente nos concentrar no aspecto do cuidado. Mesmo assim, à moda de uma leitura de cego, que capta apenas coisas relevantes, discernimos quatro momentos no processo educativo em nossa cultura ocidental.

11.1 A educação na idade da razão: a crítica

O primeiro momento se encontra no Iluminismo europeu. Indiscutivelmente foi ele que, a partir do século XVII, introduziu uma ruptura fundamental na educação. Não apenas porque Jean-Jacques Rousseau seja apresentado como o Copérnico da pedagogia. O que ocorreu foi uma virada profunda no eixo da história intelectual do mundo. Irrompeu a razão em sua autonomia e em plena pujança. A partir de agora tudo deve passar pelo crivo da razão. O que não se sustenta e se justifica diante do tribunal da razão perde legitimidade.

Sua primeira característica consiste em ser uma razão *crítica*. Quer dizer, a razão analisa as alegações que servem de suporte a todas as instâncias: a religião, o império, o Estado, a nobreza, a burguesia, o sistema de ensino e o proletariado, desmascarando as motivações que escondem interesses e usam a razão para ocultar e mistificar a realidade. É a falsa razão chamada de ideologia, encobridora e justificadora de privilégios, hierarquias, desigualdades e verdadeiras injustiças sociais. Ela persiste forte até os dias de hoje, sustentada pelo sistema político neoliberal e pelo modo de produção capitalista. Estes fazem de tudo para tornar invisíveis os problemas ou repassar o ônus deles aos mais vulneráveis.

Logicamente, as duas instâncias que mais sofreram com o impacto da razão foram o trono e o altar (os reis e as Igrejas), que haviam, há séculos, feito uma aliança, por vezes espúria. Reis, imperadores e papas entendiam seu poder como sendo de direito divino, e por isso intocável. Com isso procuravam justificar o que já não era mais justificável à luz dos argumentos da razão.

A importância do Iluminismo se funda basicamente nestas duas contribuições, entre outras: a universalização da educação e da escola e, junto com ela, a difusão do espírito crítico. Por todas as partes, nas pequenas vilas de camponeses, nas cidades interioranas, nas metrópoles e nos vários bairros se abriram salas de aula. A frequência era ansiada e entusiasmada.

Uma onda de liberdade de expressão varreu toda a Europa. A palavra rompeu os grilhões do interdito e do silêncio forçado. Respirava-se autonomia, apropriação dos mais diversos saberes, organizados de forma sistemática pelos enciclopedistas que criaram uma obra, *Da estatura das pirâmides faraônicas*, que foi a enciclopédia cujo valor permanece até os dias de hoje.

A crítica libertava a humanidade do peso de velhas e corroídas tradições e derrubava monumentos de falsidade ideológica, construídos para tornar inquestionáveis privilégios de classe, seja por parte da religião, seja por parte da nobreza. Nessa época surgiu, aberto, o conflito entre fé e ciência que, na verdade, escondia o verdadeiro conflito, que era de natureza política: o confronto entre o poder de controle social da Igreja e da religião em geral e o poder libertador do saber crítico. A Revolução Francesa é impensável sem a nova consciência de autonomia, gerada pelo espírito crítico dos iluministas, que perpassou toda a sociedade.

A crítica é uma conquista que jamais pode ser abandonada. Não é sem razão que em golpes de Estado e regimes autoritários o primeiro passo adotado é silenciar a crítica, pois seu exercício tornaria pó as razões do arbítrio e reduziria a frangalhos os argumentos de autoridade (Duso. *O poder*).

A crítica foi levada a todas as escolas que, a partir de então, vão se apropriar do saber do passado, mas passando-o primeiro pelo crivo da crítica e só conservando o que efetivamente se apresentar como racional e razoável. A cidadania moderna tem como pressuposto a crítica, pois é ela que confere autonomia aos cidadãos e estabelece alternativas políticas, legitimando oposições. Frente ao poder, a crítica pode criar um antipoder. É ela que impõe limites à voracidade do poder e ao seu eventual exercício tirânico; desfruta de uma inegável qualidade libertadora.

11.2 A educação na idade da técnica: a criatividade

A educação está à mercê dos movimentos históricos. Ela se inscreve em sua dinâmica, ora como instância justificadora e reprodutora, ora como instância desmascaradora e alternativa. Ambas as tarefas caminham juntas. Por isso, a educação sempre é um campo minado.

A todo momento se suscitam estas perguntas incômodas: "Que tipo de educação se visa?" "Para que tipo de sistema?" "Para que tipo de sociedade?" "Para que tipo de cidadão?" Conforme as respostas dadas a estas questões cria-se um projeto educacional e se elaboram os métodos pedagógicos adequados.

Podem ser citadas celebridades no campo educacional como Piaget, Montessori, Dewey, Freinet, Vygotsky, Neill, Paulo Freire e outros mais, e sempre se descobrirá por detrás deles, consciente ou inconscientemente, uma visão de mundo, uma leitura da condição humana, um ideal a ser concretizado e um mundo a ser construído.

Como fruto do Iluminismo e do livre exercício da razão surgiu a técnica, que é a razão instrumental aplicada na transformação do mundo. Fala-se então na era da tecnociência. Com isso se forjou a civilização industrial e hoje a digital, com seus incontáveis inventos. A invenção nasce da criatividade, que supõe a razão, mas vai mais longe do que ela.

Por mais libertadora que seja, a razão crítica tem que ser autocrítica e conscientizar-se do fato de que sozinha não é suficiente. Ela precisa se abrir a outra dimensão: ser criativa, projetar inovações que aliviam a existência humana, por séculos imemoriais submetida a penúrias, doenças e constrangimentos impostos pela natureza.

Além de incorporar o saber do passado, importa acrescentar-lhe algo novo, nascido do diálogo do ser humano com a natureza e com a história. A nova tarefa da educação é suscitar criatividade e inventividade.

O órgão da criação e da inovação, já o reconhecia Einstein, não é a razão pura, mas a fantasia. Esta projeta coisas novas, inventa mundos, testa novas possibilidades. Ela é a bruxa da casa que cria a desordem, a partir da qual surge uma nova ordem.

A educação se propõe suscitar nos estudantes a criatividade e a capacidade de descobrir novas conexões, inventar novas linguagens, criar novos símbolos e forjar modelos de aparatos e objetos para o uso humano ou para a extração de benefícios da natureza.

Esta nova postura afeta de forma profunda os docentes. Eles não são mais os únicos depositários do saber; somam-se ao saber dos estudantes. Estimula-os para a invenção. Isso não é uma tarefa fácil, pois demanda desmontar hábitos professorais, assumir a postura de humildade de aprendente junto com os demais aprendentes, conviver com a constestação e com a apresentação de alternativas.

Muitos docentes têm a impressão de que perderam a autoridade e se sentem suplantados pela criatividade dos estudantes. A saída é trocar de posição: ao invés de se colocar diante deles como portador de um saber específico, pôr-se no meio deles; em vez de olhá-los de cima para baixo, colocar-se na mesma altura para estarem olho a olho, rosto a rosto e, juntos, buscarem o novo. Quem conseguir realizar essa conversão se transformará em mestre, acolhido, respeitado e coparticipante. Diz-se, com razão, que o bom professor é aquele que aprendeu a aprender junto com os outros.

Suscitar tal criatividade é decisivo no processo de educação. O ser humano, dizíamos, é um projeto infinito, cheio de potencialidades que querem vir à tona e fazer história. Só pela criatividade o aluno conquista sua autonomia, faz o seu nome, ganha o seu perfil, não se reduz, preguiçosamente, a um repetidor de fórmulas. Na idade adulta, em sua profissão, não será refém de hábitos repetitivos nem ficará perdido e perplexo diante de situações novas, mas se mostrará criativo e eficaz.

11.3 A educação na idade das opressões: a libertação

Antes de prosseguirmos também devemos exercer o espírito crítico. Estes dois momentos da educação, o iluminista e o técnico-científico, possuem também sua base ideológica. As grandes armas das novas classes ascendentes eram a burguesia comercial e os novos capitães da indústria, interessados em acumular riqueza, poder e ocupar o Estado com seus aparelhos.

O cuidado para com os ecossistemas e para com a natureza era praticamente inexistente. A Terra e as colônias sofreram um assalto, diria, selvagem, de seus recursos. O desmatamento chegava, em toda a Europa, em níveis assustadores, alarmando alguns observadores atentos, como o alemão Carl Carlowitz que, em 1853, escreveu um tratado em latim sobre a sustentabilidade: *De sylvicultura oeconomica.* As causas dos muitos problemas atuais, como o aquecimento global, consequência da poluição industrial e da devastação da natureza, tiveram, a partir daquela época, grande incremento até então inexistente.

Acresce ainda o fato de que enquanto na Europa se propagavam os direitos do cidadão, na África e em parte da Ásia as potências europeias pisavam tais direitos, pois submetiam a ferro e fogo populações inteiras, transformando-as em colônias, reservatórios de recursos naturais, de onde se criou a acumulação necessária para a consolidação do capitalismo e de onde se tiravam os meios para o progresso industrial.

Essas nações colonizadoras favoreciam o analfabetismo e a manutenção da ignorância dos direitos nos países submetidos para não terem opositores e, assim, garantirem uma exploração sem obstáculos. O conhecimento sempre é fermento de resistência, de rebeldia e de libertação. Assim como não se distribuía poder político e bem-estar social, também não se distribuíam as "letras". Manter os povos colonizados na ignorância era parte decisiva da estratégia da dominação. A educação dominante na Europa formou os quadros funcionais para esse projeto de dominação.

A escola tinha uma intenção universal, mas, na verdade, foi particularizada, pois acabou servindo basicamente àqueles grupos dominantes da sociedade de então. As grandes maiorias pobres, proletarizadas e marginalizadas ficaram com um ensino precário, formadas para o ajustamento àquela ordem e à submissão aos novos senhores. Era a massa ignara, desprezada pelas classes ilustradas. Seu saber, feito de experiências, nunca foi acolhido como válido, como também não lhe foi reconhecida cidadania plena. Era uma cidadania menor e subalterna.

Foi nesse contexto de desumanização que apareceu a *Pedagogia do oprimido* e a *Educação com prática da liberdade*. Estamos nos referindo ao brasileiro Paulo Freire (1921-1997) e aos dois textos citados, fundadores de outro tipo de educação e de pedagogia.

Ele parte valorizando as assim chamadas "culturas do silêncio" que, na verdade, foram e são "culturas silenciadas" violentamente por seus opressores. Elas não são ignorantes, como pretendiam e pretendem ainda as elites. Ignorante é aquele que pensa que o iletrado é ignorante. O povo sabe, e muito. Ele é apenas feito analfabeto da escrita, mas não da oralidade, como frequentemente repetia Paulo Freire.

O grande pesquisador do arroz da Índia, R.H. Richaria, confessava: Na Índia já houve duzentas mil variedades de arroz. Quem guardou e guarda a ciência do arroz não são os pesquisadores da Universidade de Cambridge, onde ele estudou, mas o próprio povo, os membros das tribos. Eles detêm o verdadeiro conhecimento até os dias de hoje (Mazur e Miles. *Conversas com os mestres da sustentabilidade*, p. 246).

A grande novidade trazida por Paulo Freire foi ter entendido que educar é um processo político libertador. Ao aprender a ler e a contar o estudante aprende a entender o mundo em que vive e sofre. O primeiro ato de libertação consiste na conquista da palavra; ele deixa de ser um silenciado. A partir de seu contexto de vida começa a falar, a se conscientizar das contradições, a sonhar com um mundo em que não haja opressões e a se organizar para, passo a passo, construí-lo. "Ninguém liberta ninguém, nos libertamos juntos; ninguém educa ninguém nem se educa sozinho; os seres humanos se educam juntos, por meio do mundo": são palavras geradoras de Paulo Freire.

A chave é a *conscientização*, palavra cunhada em 1964 por Álvaro Vieira Pinto e Guerreiro Ramos, do Instituto Superior de Estudos Brasileiros (Iseb), que Paulo Freire assumiu com entusiasmo. Conscientização não é tomar consciência das más e injustas condições de vida; isso é manter-se ainda passivo. Conscientização é a ação que cria a consciência das contradições para rejeitá-las, e é a ação que busca uma forma de superá-las de maneira a não reproduzi-las, mas de inaugurar o novo. Um empobrecido que não conhece as razões de sua pobreza nunca se libertará. A conscientização opera esta transformação: conhecer o contexto real, partir dele, identificar as contradições, conhecer-lhes as causas e ver as possibilidades reais de superá-las pela raiz.

Por isso, a *Pedagogia do oprimido* não é uma pedagogia *para* o oprimido. É uma pedagogia que o oprimido desenvolve para extrojetar o opressor que traz dentro de si, condição de ser livre e criar uma sociedade de libertos. *Educação como prática da liberdade* é o exercício prático da passagem da opressão para a libertação. O sujeito desta libertação é o oprimido mesmo, que se conscientiza, organiza e cria uma prática libertadora. Conta com aliados, até de outras classes, mas estes se incorporam somente como força auxiliar, atuando a partir da perspectiva libertadora dos pobres.

Paulo Freire denuncia que a educação dominante é dominante porque está a serviço da dominação: criar pessoas funcionais ao tipo de sociedade discricionária, desigual e injusta que reina entre nós, especialmente nos países que um dia foram colônia. Ela não favorece a gestação de cidadãos que pensam e se fazem livres. Eles podem ser críticos e criativos, como descrevemos acima, desde que não questionem esse tipo de sociedade, mas a reforcem em suas estruturas e valores. As classes dominantes não lutam por direitos universais, mas por privilégios que acumularam (Löwy. *A guerra dos deuses*).

O que Paulo Freire se propõe é transformar o mundo e libertar os oprimidos com instrumentais que os dominadores não podem usar, como a verdade, a transparência, a coragem de ver o mundo com suas contradições, não mistificado pela publicidade. Mostra-o assim como é conflitivo, dividido, desumano e injusto, mas com gente conscientizada, organizada e com vontade de transformá-lo por caminhos que não passam pela dominação sobre o outro, mas pela solidariedade entre os oprimidos e pelo amor, que é o sentido de todas as coisas. Tudo isso é feito pelo próprio oprimido que, quando conscientizado e organizado, constitui-se como força histórica transformadora.

Realisticamente repetia Paulo Freire: "A educação não liberta o mundo; a educação liberta as pessoas que vão libertar o mundo".

Rejeita-se uma educação bancária que prevalece na maioria das escolas: o professor que tudo sabe (dono do banco) diante de estudantes que nada sabem (meros clientes). Para romper esta pedagogia Paulo Freire parte da vida cotidiana dos oprimidos e das palavras que mais usam, chamadas por ele de *palavras geradoras*, como favela, comida, trabalho, arado, terreno, tijolo, cimento, salário, sandália, batuque, forró, polícia, governo etc.

Um alfabetizador, conversando com os que queriam se alfabetizar, escolheu, por exemplo, uma palavra do contexto real dessas pessoas: *favela*. Esta funcionava como palavra-geradora de reflexões sobre família, chuva, goteira, telhado, sujeira, falta de serviços básicos, luz elétrica, cachaça, baixos salários, segurança, forró etc. Depois de trocarem muitas ideias sobre a *favela*, bastava o alfabetizador escrever na lousa a palavra *favela*, e todos a liam perfeitamente.

Disso Paulo Freire tirou uma de suas teses principais: "Os 'analfabetos' são analfabetos de escrita, e não de oralidade, e a leitura do mundo precede a leitura da palavra" (Freire. *Pedagogia da esperança*, p. 236). O livro da vida é o grande livro em que todos podem ler e aprender. Somente depois vem o livro escrito, que tenta recolher e redizer o livro da vida.

A educação é uma forma de intervenção no mundo, no sentido de mudá-lo. Educador e educando, juntos, aprendem na troca de saberes e de experiências que, unidos, podem contribuir para a construção do *inédito viável* (expressão cunhada por ele), que é aquele sonho possível de ser antecipado, a realização de uma ideia geradora que chegou ao seu amadurecimento e que por isso ninguém pode calá-la; enfim, o irromper de um mundo novo no qual não seja tão difícil amar e ser gente.

A pedagogia de Paulo Freire vem perpassada de humildade, de solidariedade para com a humanidade sofredora, cheia de esperança (seu último grande livro intitulou-se *Pedagogia da esperança*) e irradiante de amor: "Não há educação sem amor. Não há educação imposta como não há amor imposto. Quem não ama, não compreende o próximo e não o respeita" (Freire. *Educação e mudança*, p. 29).

Podemos dizer que Paulo Freire, a partir dos condenados da Terra, projetou uma educação libertadora que libera o ser humano para o outro ser humano. Outros educadores próximos a ele, como Célestin Freinet (1896-1966), John Dewey (1859-1952), Lev Vygotsky (1896-1934), María Novo, diretora da Cátedra Unesco de Educação Ambiental e Desenvolvimento Sustentável em Madri, também com ideais libertários, são educadores cujo contexto social é o dos países centrais. O contexto social de Paulo Freire é o dos países periféricos, das grandes maiorias submetidas à marginalidade dos bens do desenvolvimento. Aí vivem e sobrevivem, penando, os empobrecidos e os "lascados", os invisíveis e os que nada contam. Para Paulo Freire eles contam acima de tudo, crê neles, aprende de seu saber, universaliza suas experiências e lhes reconhece a dignidade de serem os portadores dos grandes sonhos de um outro mundo possível e necessário. Eles, nos últimos decênios, mostraram força histórica, capaz de forjar um mundo que ainda não foi ensaiado e que um dia deverá surgir. E surgirá.

11.4 Onde ficou o cuidado?

Todas as contribuições, da razão (a crítica), da técnica (a criatividade), do amor aos oprimidos (a libertação) são irrenunciáveis, pois são conquistas que enriqueceram e enriquecem a construção histórica do ser humano.

Como em todos os empreendimentos humanos, o que é sadio pode ficar doente e conhece patologias. Assim também ocorreu com as várias propostas de educação acima aludidas. A razão, em não poucos aspectos, transformou-se em racionalismo, que consiste na crença de que tudo pode ser resolvido única e exclusivamente pela razão. O que não é verdade, pois o ser humano também é sentimento, coração, ética, estética, espiritualidade e transcendência. A razão, sozinha, pode se tornar absolutamente irracional, como irracional é construir uma máquina de morte capaz de destruir toda a vida humana e ferir gravemente a biosfera. Em outras palavras, não tivemos cuidado em relação à razão e a seus limites.

A técnica mudou o mundo e tornou nossa vida mais longa e fácil, mas também artificializou nossa vida cotidiana com uma parafernália de aparatos, muitos deles totalmente desnecessários. Pela técnica exploramos todos os recursos e serviços da Terra, inventamos centenas de elementos químicos inexistentes na natureza, e pelos agentes químicos sintéticos podemos levar a um colapso o sistema imunológico do corpo humano e reduzir drasticamente a rica biodiversidade dos ecossistemas. Faltou suficiente cuidado para com a técnica, para que servisse mais à vida do que ao mercado (Colborn. *O futuro roubado*, 1997).

O amor aos pobres, devolvendo-lhes a dignidade e reconhecendo-lhes seu saber e sua cultura, levou grupos e nações inteiras, em nome dos pobres, mas contra os ideais pacíficos e humanitários de Paulo Freire, a se digladiarem, chegando a destruir monumentos veneráveis do passado, como na China (a assim chamada Revolução Cultural Chinesa), e fazendo terra arrasada com a cultura letrada e civilizada, a ponto de condenar à morte quem soubesse ler e escrever, como foi o caso no Laos.

Onde ficou o cuidado? Ele foi esquecido, o que deu margem para o surgimento da barbárie. Mesmo em Paulo Freire, tão integrador de dimensões da realidade e de novos saberes, está pouco presente o conceito de cuidado, embora todo o seu empenho e amor aos empobrecidos fosse expressão dele. Mas o cuidado mesmo, como categoria e paradigma, não foi tematizado por ele. Se o tivesse feito, certamente ganharia aspectos altamente inspiradores.

Aos princípios válidos da crítica, da criatividade e da libertação, é enriquecedor agregarmos ainda aqueles do conhecido *Informe a la Unesco*, de Jacques Delors, que fixava os pilares básicos para uma educação adequada ao século XXI: "Aprender a conhecer, aprender a fazer, aprender a ser e aprender a viver juntos" (Delors. *Informe a la Unesco*, 1996). E nós acrescentaríamos ainda a urgência de *aprender a cuidar*. Só com a inclusão da aprendizagem do cuidado os demais propósitos terão eficácia e garantirão um futuro para todos.

11.5 A educação na idade da Terra: o cuidado

O que esteve ausente nas demais propostas de educação, o cuidado, ganha a partir de agora uma importância vital

(Gadoti. *Pedagogia da Terra*, p. 168-189). Já estamos avançados dentro da nova fase da evolução da Terra e da humanidade, que é a idade da Terra, a fase planetária e a "especiação humana" (descobrir-se como espécie humana entre outras). Todos se relacionam com todos, e somos conscientes de que temos somente um único lar para a viver, a Terra, e não nos é dado outro. Só este fato nos obriga ao cuidado e à preocupação diligente pelo nosso futuro comum.

A Terra não é simplesmente um planeta do sistema solar. Ela é Gaia e Grande Mãe, um superorganismo vivo que se autorregula. Toda a biosfera, a comunidade de vida e nós seres humanos somos expressões de sua vitalidade. Nascemos do útero da Terra; somos seus filhos e filhas. E nós, humanos, somos a porção consciente, sapiente, amante e cuidante da Terra.

Lamentavelmente nos esquecemos destas obviedades. Pior ainda, podemos ser seus agressores, os violadores de seu equilíbrio e os assassinos de muitos irmãos e irmãs na cadeia da vida. Tais fatos nos faz urgir pelo cuidado para com a Terra e para com todo o sistema de vida, sem o qual nós mesmos não sobreviveríamos.

Na fase em que vivemos o cuidado nasce de duas experiências básicas: admiração e risco.

11.5.1 O cuidado: admiração pela beleza e complexidade da Terra

As ciências da vida e da Terra, a Astronomia e a Astrofísica, abriram-nos quase todas as janelas pela inenarrável beleza e complexidade de nossa Casa Comum.

Abriu-nos a dimensão do tempo: como Terra existimos já há 4,44 bilhões de anos, uma floração feliz de um processo evolucionário que começou há 13,7 bilhões de anos, quando surgiu o universo que conhecemos. Há 3,8 bilhões de anos irrompeu, de algum pântano ou mar primevo, a vida. Há 125 milhões de anos emergiram os mamíferos, a cujo gênero pertencemos, e com ele nos veio o afeto, o carinho e o amor. Há uns 70 milhões de anos emergiu nosso ancestral, que vivia na copa das grandes árvores para escapar da voracidade dos dinossauros. Há 17 milhões de anos já nos separávamos dos primatas e nos fizemos antropoides, com traços que apontavam para a futura humanidade. Há 7 milhões de anos já éramos humanos, portadores de consciência e inteligência. E há cem mil anos somos plenamente humanos, com um cérebro extremamente complexo, capaz de suportar um espírito cujo voo não se limita a este mundo, mas alcança as estrelas e se abre ao Infinito. É a emergência do *homo sapiens sapiens* que nós, devido ao danos que infligiu à Terra, também lhe agregamos a qualificação de *demens demens*.

Da hominização (processo de nos construirmos como homens) pela cultura, religião e por outros caminhos espirituais e éticos passamos à humanização (processo de autoeducação), movimento ainda em curso e sempre aberto, dando-nos a possibilidade de sermos mais e mais humanos, mais ternos e fraternos, mais cuidadosos e espirituais.

As ciências também nos abriram às dimensões do espaço. Descobriram-nos as dimensões do universo com suas bilhões de galáxias, estrelas e demais corpos celestes. Numa noite estrelada do Brasil Central, onde a profundidade do céu é maior, silenciamos diante da *grandeur* da Via Láctea e da miríade de estrelas. Silentes e pasmos de admiração, perguntamo-nos: "Quem se oculta atrás desta maravilha?" "Quem dirige o curso das estrelas?" "Para onde estamos sendo carregados?" "Sentimo-nos pequenos, mas, ao mesmo tempo, grandes, por podermos elaborar estas questões.

Quando nas telas da televisão ou nos vários sites da internet, como o da Nasa, podemos contemplar as imagens do globo terrestre, azul-branco, esplêndido como uma esposa adornada para as núpcias, enchemo-nos de respeito e de veneração. Somos tomados por um sentimento sagrado que nos faz elevar a mente ao Criador e agradecer-lhe por esta dádiva preciosa que nos foi dada para morar e para cuidar.

Quando sobrevoamos a Amazônia sem fim, com aquele verdor das florestas, salpicadas por copas amarelas, roxas e vermelhas, e cortada por inumeráveis rios, questionamo-nos: "Pode tanta beleza e riqueza desaparecer pela falta de cuidado humano?" Domina-nos um desejo irrefreável de preservar, de cuidar e de criar as condições para que ela possa se manter intacta e evoluir com os demais seres.

Nem falemos da biodiversidade, dos quatrilhões e dos quintilhões de micro-organismos que se escondem em poucos palmos de chão e no nosso próprio corpo, do mundo subatômico com suas partículas elementares e energias que sustentam e vivificam o universo e a cada um de nós.

Quando contemplamos a história humana para além de suas contradições que nos confundem, não deixamos de admirar figuras de excepcional grandeza humana, moral e espiritual como Buda, Moisés, Chuang Tzu, Isaías, Jesus, Gandhi, o bom Papa João XXIII, Madre Teresa de Calcutá, Irmã Dulce e Padre Cícero Romão Batista (Padim Cícero do povo), alguns nomes dentro de um exército de pessoas de amor, de bondade, de compaixão e de solidariedade sem limites. Não queremos nos esquecer de todos aqueles gênios das artes plásticas, de todas as partes do mundo e de todas as idades, dos grandes escritores, atores e atrizes, dos artistas e compositores e dos gênios da criatividade e da invenção humana.

Quando nos entregamos a esta contemplação nos irrompe o sentimento de cuidado. É um chamado ético. Sentimos a vontade de cuidar desta inestimável herança e percebemos que todas estas realidades são vulneráveis e clamam para serem cuidadas. Cuidar e ser cuidado, já o dizíamos anteriormente, é a estrutura básica do humano e de tudo o que vive.

11.5.2 *O cuidado: fruto dos riscos para a Terra e a vida*

O cuidado nasce igualmente em nós, talvez mais do que da beleza e da complexidade, dos riscos que pesam sobre o sistema-Terra e o sistema-vida. Já soou o alarme ecológico (Lovelock. *Gaia: alerta final.* • Rees. *A hora final*). O consumo humano ultrapassou em 30% a capacidade de reposição dos bens e serviços da Terra. Em outras palavras, o planeta vivo, Terra, está perdendo sustentabilidade.

A biodiversidade diminui dia a dia. São mais de cinco mil espécies de seres vivos que anualmente desaparecem definitivamente da face da Terra. A escassez da água potável (só 0,7% dela é acessível ao consumo humano) constitui uma ameaça à vida de milhões e milhões de pessoas e a todos os seres vivos que precisam dela para sobreviver. A desertificação, com a extensão anual equivalente ao Estado da Bahia, afeta as plantações e obriga milhões de pessoas a emigrarem, deixando para trás não apenas suas terras, mas também as paisagens queridas, as lembranças dos ancestrais e os símbolos de sua cultura e de seu amor.

O processo produtivo, na ânsia de enriquecer, de consumir e de desfrutar ilimitadamente de tudo o que a Mãe Terra oferece, está colocando todo o sistema da vida sob pesado estresse. Gases de efeito estufa – só no último ano, 30 bilhões de toneladas de dióxido de carbono – se acumulam de forma assustadora. Eles são a causa principal do aquecimento global crescente, afetando o equilíbrio físico-químico-ecológico da Mãe Terra.

Não podemos de forma alguma tolerar que, a partir de meados do século XXI ele alcance 4^0 Celsius. Com esta temperatura, grande parte da vida existente não conseguiria adaptar-se e correria grave risco de desaparecer. No final do século o aquecimento pode se elevar a 5 ou 6^0 Celsius, o que não é impossível devido à maciça liberação do metano, oriundo do degelo das calotas polares e pelo derretimento do permafrost (solo congelado) da Sibéria e do norte da Europa. Esse gás é 23 vezes mais agressivo do que o dióxido de carbono e pode provocar o assim chamado "aquecimento abrupto", para o qual os cientistas estão alertando desde o ano 2000.

Se esta tragédia ecológico-social ocorrer nenhuma forma de vida conhecida subsistirá, inclusive a vida humana. Ou então pequenos grupos sobreviverão em oásis cerrados, famélicos e adoentados, quem sabe, invejando quem morreu antes.

11.5.3 O cuidado: um imperativo categórico ético

Esta situação de risco e de ameaça exige com extrema urgência o cuidado. Só ele nos poderá salvar. Mas o cuidado agora, e não para depois, quando talvez for tarde demais, por não haver mais tempo nem retorno.

O cuidado é o novo imperativo categórico, que assim formularia: "Se quiseres salvar este belo e pequeno planeta, teu lar humano, se quiseres salvar a diversidade das formas de vida, se quiseres salvar a civilização humana, se quiseres salvar a ti mesmo, então comece já agora a cuidar de tudo e de todos, porque fora do cuidado não há salvação para ninguém".

Cuidado aqui é a alternativa à agressão, é o oposto da conquista, é a relação amorosa para com tudo o que vive e existe. Cuidado é preocupar-se para que não se atinjam níveis irreversíveis de degradação dos ecossistemas. Cuidado é a atitude de precaução referente a atos cujas consequências não podemos controlar e que podem colocar sob grave risco parte da vida e ecossistemas inteiros. Cuidado é expressão de compaixão que sana chagas infligidas ao corpo da Terra e de amor, que impede que outras sejam feitas.

11.6 Exigências de uma educação para o cuidado

A educação adequada a esta fase de nossa história se obriga a ser profundamente diferente das anteriores. Assumindo as contribuições do passado, faz algumas exigências que aqui apenas elencamos:

- Resgatar a razão sensível e cordial, que nos permite sentir a Terra como algo vivo, como mãe nutridora e que nos suscita o sentimento de pertença ao universo, completando a razão intelectual e analítica, sempre necessária.

- Superar todo tipo de antropocentrismo e o sociocentrismo, como se somente nós, como humanos e como sociedade, tivéssemos valor. Cada ser, até o menos complexo e quase invisível, possui valor intrínseco. Por isso deve ser respeitado e tem o direito de conviver conosco no seio da comunidade de vida.

- Incorporar os princípios básicos da ecologia, presentes em todos os seres que existem na Terra: tudo é relação e tudo tem a ver com tudo, em todos os momentos e lugares; a energia que tudo alimenta e sustenta vem do Sol; a matéria, a energia e as informações circulam pela teia da vida; todos os seres são interdependentes e todos cooperam entre si para continuarem neste planeta; a vida surgida há 3,8 bilhões de anos lentamente foi se firmando na Terra, não usou a força, mas a cooperação e a parceria para se distribuir por todas as partes, e ajudou, junto com outros fatores, a construir a biosfera, que é o ambiente bom para ela viver e sobreviver; a natureza não produz lixo; o que é resíduo para um é alimento para outro.

• Conhecer nossos irmãos e irmãs da comunidade de vida significa reconhecer a importância do Sol, conhecer nossa flora e a nossa fauna, a origem das montanhas, dos vales e dos rios de onde moramos. Mas não só: conhecer a história humana destes lugares, quem foram seus primeiros habitantes, que sinais deixaram, que monumentos nos legaram, que textos literários produziram, que pessoas referenciais geraram como poetas, escritores, escultores, cientistas, músicos e sábios. Isso implica derrubar as paredes das escolas e fazer que os estudantes entrem em contato direto com a natureza, com a organização da cidade, com a distribuição dos espaços, não apenas na forma de curiosidade, mas de reconhecimento e de comunhão com todos os irmãos e irmãs que nos circundam.

• Desenvolver uma espiritualidade cósmica. Ela nos faz sensíveis às mensagens de beleza, de grandeza, de generosidade que nos vêm de todos os lados. As coisas não são mudas. Elas falam e nós podemos entender a voz das florestas, a mensagem dos pássaros, o sibilar do vento, o farfalhar das árvores, o sussurro das águas, o olhar suplicante do pobre e o gesto afetuoso do amigo. Ativar todos os nossos sentidos corporais e entrar em comunhão com todas as coisas é despertar também os sentidos espirituais que, quais fontes de águas cristalinas, alimentamnos humanamente, produzem-nos paz, trazem-nos belas inspirações e suscitam-nos sonhos benfazejos.

- Cultivar uma ética do cuidado que perpassa todas as disciplinas e impregna todas as nossas atitudes. Cultivamos o cuidado quando não consideramos apenas os dados, mas prestamos atenção aos valores que estão em jogo, atentos ao que realmente interessa e preocupados com o impacto que nossas ideias e ações podem causar nos outros. Vivemos o cuidado quando nos interessamos pelo bem-estar dos outros, do meio ambiente, do ecossistema no qual estamos inseridos, da Terra como um todo, e não apenas do nosso pequeno lugar. Vivemos a ética do cuidado quando atrás das análises de conjuntura, dos fatos acontecidos e da situação geral do país e do mundo, discernimos pessoas, destinos e valores (Antunes e Garroux. *Pedagogia do cuidado*). Por isso, o cuidado nos obriga a distinguir o que é urgente e o que não é, quando devemos estabelecer prioridades e aceitar que as coisas não aconteçam de uma hora para outra, mas respeitar os processos de apreensão, de crescimento e de maturação.

Em outras palavras, o cuidado nos faz seres verdadeiramente éticos que assumem responsabilidades pelo bem-viver humano e ambiental, solidário com as gerações de nossos filhos e netos que também têm direito de herdar um mundo no qual valha a pena viver, trabalhar, alegrar-se e passar por ele, neste curto espaço de tempo que o universo e Deus nos concederam.

Por fim, o cuidado nos suscita continuamente a ter consciência de nosso lugar no conjunto dos seres e de nossa missão face a eles. Somos os únicos portadores de ética e de responsabilidade. Não é o cavalo ou o cachorro que irão se preocupar com o futuro da vida e da Terra. Nem a eles é confiado cuidar e proteger o Jardim do Éden. Nós, seres humanos, emergimos do processo da evolução com essa consciência e missão: sermos os guardiães e os cuidadores desta herança sagrada que o universo e Deus nos confiaram. Fomos criados criadores. Copilotamos o processo da evolução da Terra. Junto com as forças diretivas que comandam o caminhar das coisas, damos a nossa contribuição.

A Terra nunca mais será virgem. Para sempre trará em seu ser a marca da presença humana. De certa forma nós a hominizamos. Mas essa nossa presença nem sempre foi benéfica. Ela tem sido, especialmente nos últimos decênios, terrivelmente agressiva para com todos os ecossistemas. Não obstante estas contradições, temos ajudado a Terra a mostrar suas capacidades e virtualidades escondidas. E hoje, mais do que nunca, devemos cuidar dela como de nossa mãe, com desvelo, com respeito a seus limites, com compaixão pelas suas dores e com amor por sua saúde.

A urgência dessa pedagogia do cuidado ainda não entrou na consciência coletiva. Não obstante, um nome deve ser referido e reverenciado: Robert Müller, um dos mais antigos e altos funcionários da ONU. Inspirado pela visão global da história da Terra e da humanidade, criou a Universidade da Paz em Costa Rica e fundou uma rede de escolas que levam o seu nome: "Escolas Robert Müller". Projetou todo um currículo que visa educar os jovens nessa perspectiva da nova civilização em sintonia com a natureza, com a Mãe Terra, com o cosmos dentro de uma aura de profunda espiritualidade. Seu texto maior se intitula *O nascimento de uma civilização global* (Aquariana, 1993).

11.7 A celebração da vida humana individual

A educação do cuidado resgata o que é a emergência mais espetacular, misteriosa e bela, que jamais existiu no mundo que conhecemos e que é o milagre da existência de cada pessoa humana. Os sistemas, as instituições, as ciências, as técnicas e as escolas não possuem o que cada pessoa humana possui: a consciência, a amorosidade, o cuidado, a criatividade, a solidariedade, a compaixão e o sentimento de pertença a um Todo maior que nos sustenta e anima.

Seguramente não somos o centro do universo, mas somos aqueles pelos quais o universo se pensa, conscientiza e vê a sua esplêndida beleza. Somos o universo que chegou a sentir, a pensar, a amar, a cuidar e a venerar. Essa é nossa dignidade, que deve imbuir cada pessoa da nova era planetária.

Devemos nos sentir orgulhosos em poder desempenhar essa missão para todo o universo. E somente cumprimos com nossa missão se cuidarmos de nós mesmos, dos outros, da Terra e de cada ser que aqui habita.

Talvez poucos expressaram melhor esses nobres sentimentos do que o exímio músico e também poeta Pablo Casals. Num discurso na ONU nos idos dos anos de 1980, dirigia-se à Assembleia Geral pensando nas crianças como o futuro da nova humanidade. Essa mensagem vale também para todos os adultos. Dizia ele:

> A criança precisa saber que ela própria é um milagre; saber que desde o início do mundo jamais houve uma criança igual a ela e que, em todo o futuro, jamais aparecerá outra criança como ela. Cada criança é algo único, do início ao final dos tempos. E assim a criança assume uma responsabilidade ao confessar: É verdade, sou um milagre. Sou um milagre do mesmo modo que uma árvore é um milagre. E sendo um milagre, poderia eu fazer o mal? Não. Pois sou um milagre. Posso apelar para Deus ou para a natureza, ou ainda para o Deus-natureza. Pouco importa. O que importa é que eu sou um milagre feito por Deus e feito pela natureza. Poderia eu matar alguém?

Não. Não posso. Ou então, um outro ser humano que também é um milagre como eu, poderia me matar? Acredito que aquilo que estou dizendo às crianças pode ajudar a fazer surgir um outro modo de pensar o mundo e a vida. O mundo de hoje é mau; sim, é um mundo mau. E o mundo é mau porque não falamos assim às crianças do jeito que falei agora e do jeito que elas precisam que lhes falemos. Então o mundo não terá mais razões para ser mau (Müller. *O nascimento de uma civilização global*, p. 72-73).

Creio que estas palavras de Pablo Casals significam um *gran finale* para este capítulo. Nada mais é necessário dizer, pois nestas palavras se realiza o sonho da educação para o cuidado.

Conclusão

Uma utopia necessária

Não serão poucos os que, ao término da leitura deste livro, dirão: há nele coisas belas e até profundas, mas se trata de uma utopia.

Seguramente há nele muito de utopia, mas de uma utopia necessária. Desta vez ou a utopia se transforma em topia, concretiza-se de verdade, ou então nosso futuro comum, da vida e da civilização, estará em grave risco. Temos que tentar tudo para não chegarmos tarde demais ao verdadeiro caminho, que nos poderá salvar. E esse caminho passa pelo cuidado e pela sustentabilidade.

Valho-me das palavras inspiradoras de Oscar Wilde, o conhecido escritor irlandês, dizendo sobre a utopia: "Um mapa do mundo que não inclua a utopia não é digno sequer de ser espiado, pois ignora o único território no qual a humanidade sempre atraca, partindo, em seguida, para uma terra ainda melhor".

Pois é desta utopia do cuidado que nossas reflexões trataram, com sentido de urgência e de responsabilidade compartida.

Pertence ao mundo da utopia projetar cenários esperançadores. Vamos apresentar um de um autor já citado, Robert Müller, primeiro reitor da Universidade da Paz, fundada em 1980 pela ONU em Costa Rica, único país do mundo a não ter exército.

Ele imaginou uma *Nova Gênese*, o surgimento de uma civilização realmente planetária na qual a espécie humana se assume como espécie junto com outras, com a missão de garantir a sustentabilidade da Terra e cuidar dela, bem como de todos os seres que nela existem. Eis a sua *Nova Gênese*:

> E Deus viu que todas as nações da Terra, negras e brancas, pobres e ricas, do Norte e do Sul, do Oriente e do Ocidente, de todos os credos, enviavam seus emissários a um grande edifício de cristal às margens do Rio do Sol Nascente, na Ilha de Manhattan, para juntos estudarem, juntos pensarem e juntos *cuidarem* do mundo e de todos os seus povos.
>
> E Deus disse: "Isso é bom".
>
> E esse foi o primeiro dia da Nova Era da Terra.
>
> E Deus viu que os soldados da paz separavam os combatentes de nações em guerra, que as diferenças eram resolvidas pela negociação e pela razão, e não pelas armas, e que os líderes das nações encontravam-se, trocavam ideias e uniam seus corações, suas mentes, suas almas e suas forças para o benefício de toda a humanidade.
>
> E Deus disse: "Isso é bom".

E esse foi o segundo dia do Planeta da Paz.

E Deus viu que os seres humanos amavam a totalidade da criação, as estrelas e o Sol, o dia e a noite, o ar e os oceanos, a terra e as águas, os peixes e as aves, as flores e as plantas e todos os seus irmãos e irmãs humanos.

E Deus disse: "Isso é bom".

E esse foi o terceiro dia do Planeta da Felicidade.

E Deus viu que os seres humanos eliminavam a fome, a doença, a ignorância e o sofrimento em todo o globo, proporcionando a cada pessoa humana uma vida decente, consciente e feliz, reduzindo a avidez, a força e a riqueza de uns poucos.

E Deus disse: "Isso é bom".

E esse foi o quarto dia do Planeta da Justiça.

E Deus viu que os seres humanos viviam em harmonia com seu planeta e em paz com os outros, gerenciando seus recursos com sabedoria, evitando o desperdício, refreando os excessos, substituindo o ódio pelo amor, a avidez pelo contentamento, a arrogância pela humildade, a divisão pela cooperação e a suspeita pela compreensão.

E Deus disse: "Isso é bom".

E esse foi o quinto dia do Planeta de Ouro.

E Deus viu que as nações destruíam suas armas, suas bombas, seus mísseis, seus navios e aviões de guerra, desativando suas bases e desmobilizando seus exércitos, mantendo apenas policiais da paz para proteger os bons dos maus e os normais dos insanos.

E Deus disse: "Isso é bom".

E esse foi o sexto dia do Planeta da Razão.

E Deus viu que os seres humanos restauravam Deus e a pessoa humana como o Alfa e o Ômega, reduzindo instituições, crenças, políticas, governos e todas as entidades humanas a simples servidores de Deus e dos povos. E Deus os viu adotar como lei suprema: "Amarás ao Deus do universo com todo o teu coração, com toda a tua alma, com toda a tua mente e com todas as tuas forças. Amarás teu belo e miraculoso planeta e o tratarás com infinito *cuidado*. Amarás teus irmãos e irmãs humanos como amas a ti mesmo. Não há mandamentos maiores do que estes".

E Deus disse: "Isso é bom".

E esse foi o sétimo dia do Planeta de Deus.

Se na porta do *Inferno* de Dante Alighieri estava escrito: "Abandonai toda a esperança", vós que entrais na porta da *Nova Gênese*, na era da Terra e do mundo planetizado, estará escrito em todas as línguas que existem no mundo: **"Não abandonai jamais a esperança, vós que entrais"**.

Não é outra a mensagem deste livro que você leitor e leitora tem em suas mãos. Não abandone jamais a esperança, o sonho e a utopia. O futuro passa por aí.

Referências essenciais

ANGERAMI-CAMON, V.A. (org.). *Espiritualidade e prática clínica*. São Paulo: Thomson, 2004.

ANTUNES, C. & GARROUX, D. *Pedagogia do cuidado*. Petrópolis: Vozes, 2008.

APPLETON, C. "The Meaning of Human Care and the Experience of Caring in a University School of Nursing". In: LEINNINGER, M. & WATSON, J. *The Caring Imperative in Education*. Nova York: National League for Nursing, 1990, p. 77-94.

ARISTÓTELES. *Ética a Nicômaco*. Brasília: UnB, 1985.

ARRUDA, E.N. & GONÇALVES, L.T. *A enfermagem e a arte de cuidar*. Florianópolis: UFSC, 1998.

ARRUDA, L. & GONÇALVES QUELHAS, O. "Sustentabilidade: um longo processo histórico". *Boletim Técnico do Senac*, 2010, p. 53-63. Rio de Janeiro.

ARRUDA, M. *Educação para uma economia do amor* – Educação da práxis e economia solidária. Aparecida: Ideias e Letras, 2009.

_____. *Tornar real o possível* – A formação do ser humano integral: economia solidária, desenvolvimento e o futuro do trabalho. Petrópolis: Pacs/Vozes, 2006.

_____. *Humanizar o infra-humano: a formação do ser humano integral* – Homo evolutivo, práxis e economia solidária. Petrópolis: Vozes, 2003.

ASSMANN, H. & MO SUNG, J. *Competência e sensibilidade solidária* – Educar para a esperança. Petrópolis: Vozes 2000.

BASCOPÉ, V. *Espiritualidad originaria en el Pacha Andino*. Cochabamba: Verbo Divino, 2008.

BAIER, A.C. "The need for more than justice". In: HEL, V. (org.). *Justice and care*. Boulder, Col.: Westview Press, 1995.

BENNER, P. & WRUBEL, J. *The Primacy of Caring*: stress and caring in health and illness. Menlo Park, CA.: Addison/Wesley, 1989.

BERMEJO, J.C. *Humanizar a saúde*: cuidado, relações e valores. Petrópolis: Vozes, 2008.

BERRY, T. *O sonho da Terra*. Petrópolis: Vozes 1991.

BISHOP, A.H. *Nursing Ethics*: therapeutic caring presence. Sudbury, MS: Jones and Barlett, 1996.

BLÜM, N. *Gerechtigkeit* – Eine Kritik des Homo Oeconomicus. Friburgo: Herder, 2006.

BOFF, L. *Sustentabilidade*: o que é e o que não é. Petrópolis: Vozes, 2012.

_____. *Cuidar da Terra, proteger a vida* – Como evitar o fim do mundo. Rio de Janeiro: Record, 2010.

_____. *Meditação da Luz* – O caminho da simplicidade. Petrópolis: Vozes, 2010.

_____. *Opção Terra* – A solução para a Terra não cai do céu. Rio de Janeiro: Record, 2009.

_____. *Ethos mundial*. Rio de Janeiro: Record, 2009.

_____. *Virtudes para um outro mundo possível*. 3 vol. Petrópolis: Vozes, 2006.

_____. *Ethos mundial*: um consenso mínimo entre os humanos. Rio de Janeiro: Sextante, 2003.

_____. *Ética e moral*: a busca dos fundamentos. Petrópolis: Vozes, 2003.

_____. *Espiritualidade, caminho de transformação*. Rio de Janeiro: Sextante, 2001.

_____. *Saber cuidar* – Ética do humano; compaixão pela Terra. Petrópolis: Vozes, 1999.

BOFF, L. & HATHAWAY, M. *O Tao da libertação* – Explorando a ecologia da transformação. Petrópolis: Vozes, 2012 [Prefácio de F. Capra].

BOFF, L. & MURARO, R.S. *Feminino e masculino* – Uma nova consciência para o encontro das diferenças. Rio de Janeiro: Sextante, 2002.

BOHM, D. *Ciência, ordem e criatividade*. Lisboa: Gradiva, 1989.

BRUAIRE, C. *Filosofia do corpo*. São Paulo: Herder, 1972.

CAMPOS, E.P. *Quem cuida do cuidador*. Petrópolis: Vozes, 2005.

CAPRA, F. & STEINDAL-RAST, D. *Pertencendo ao universo*. São Paulo: Cultrix.

CARVALHO, C.T. *O cuidado ao término de uma caminhada*. Santa Maria, 1999 [edição eletrônica].

CHININ, P.L. *Anthology on Caring*. Nova York: National League for Nursing, 1991.

CORCORAN, P.B. & WOHLPART, A.J. *A voice for Earth* – American Writters Respond to the Earth Charter. Athens/London: The University of Georgia Press, 2008.

CORTINA, A. *La razón cordial*. Madri: [s.e.], 2008.

COSTA, L.C. *A educação do amor*. Viçosa: [s.e.], 2003.

CREMA, R. *Antigos e novos terapeutas* – Abordagem transdisciplinar em terapia. Petrópolis: Vozes, 2002.

CRESPO, J. *História do corpo*. Rio de Janeiro: Bertrand, 1990.

DAHLKE, R. *A doença como linguagem da alma*. São Paulo: Cultrix, 2000.

DE MARZO, G. *Buen vivir* – Para una democracia de la Tierra. La Paz: Plural, 2010.

DEMO, P. *Conhecimento moderno*. Petrópolis: Vozes, 1997.

DERANI, C. *Direito ambiental econômico*. São Paulo: Limonad, 1997.

DI BIASE, F. & ROCHA, M.S. *Caminhos da cura*. Petrópolis: Vozes, 1998.

DIAS, V.S. *Logos*: gotas de cuidado. Novo Gama: Colégio e Clínica Logos, 2007.

DUARTE, J.F. *O sentido dos sentidos*. Curitiba: Criar, 2004.

DUSO, G. *O poder* – História da filosofia política moderna. Petrópolis: Vozes, 2005.

FERREIRA, C.F.B. *A essência do cuidado* – Cuidando de enfermos de AVC. Aparecida: Santuário, 2005.

FREIRE, P. *Educação como prática da liberdade*. Rio de Janeiro: Paz e Terra, 2000.

_____. *Pedagogia da esperança*. Rio de Janeiro: Paz e Terra, 2000.

_____. *Pedagogia da autonomia*. Rio de Janeiro: Paz e Terra, 1996.

_____. *Pedagogia do oprimido*. Rio de Janeiro: Paz e Terra, 1987.

_____. *Educação e mudança*. Rio de Janeiro: Paz e Terra, 1983.

FRY, S.T. *A Global Agenda for Caring*. Nova York: National League for Nursing, 1993, p. 175-179.

_____. "The Philosophical Foundations of Caring". In: LEININGER, M.M. (org.). *Ethical and Moral Dimensions of Care*. Detroit: Wayne State University Press, 1990.

GADOTTI, M. *Pedagogia da Terra*. São Paulo: Peirópolis, 2001.

GAUTHIER, C. & TARDIF, M. *A pedagogia:* teorias e práticas da Antiguidade aos nossos dias. Petrópolis: Vozes, 2010.

GAYLIN, W. *Caring*. Nova York: Avon Books, 1976.

GOLEMAN, D. *A consciência ecológica*. Rio de Janeiro: Objetiva, 2010.

_____. *Inteligência emocional*. Rio de Janeiro: Objetiva, 1995.

GOSWAMI, A. *O universo autoconsciente*. Rio de Janeiro: Rosa dos Tempos, 1998.

GRIFFIN, A.P. "A Philosophical Analysis of Caring in Nursing". *Journal of Advanced Nursing*, 8, 1983, p. 289-295.

HAWKING, S. *A nova história do tempo*. Rio de Janeiro: Ediouro, 2005.

HEIDEGGER, M. *Ser e tempo*. Parte 2. Petrópolis: Vozes, 2001.

HUME, D. *An Enquiry Concerning the Principles of Morals*. In: MELDEN, A.I. (org.). *Ethical Theories*. Englewood Cliffs, NJ: Prentice-Hall, 1967.

KANT, I. *Die Metaphysik der Sitten*. [s.l.]: [s.e.], 1797.

_____. *Grundlegung zur Methapysik der Sitten*. [s.l.]: [s.e.], 1785.

KÜNG, H. *O princípio de todas as coisas*. Petrópolis: Vozes, 2007.

LACROIX, M. *Se réaliser* – Petite philosophie de l'épanouissement personel. Paris: Robert Laffont, 2009.

LARIVÉE, A. & LEDUC, A. "Saint Paul, Augustin et Aristote comme sources gréco-chrétiennes du souci chez Heidegger". *Philosophie*, 64, 2001, p. 30-50.

LASZLO, E. *Conexão cósmica*. Petrópolis: Vozes, 2001.

LEININGER, M.M. *Culture Care Diversity and University*. Nova York: National League for Nursing, 1991.

LEININGER, M.M. & WATSON, J. *The Caring Imperative in Education*. Nova York: National League for Nursing, 1990.

LELOUP, J.-Y. *Uma arte de cuidar*. Petrópolis: Vozes, 2007.

_____. *Cuidar do Ser*. Petrópolis: Vozes, 1996.

LELOUP, J.-Y. et al. *Espírito na saúde*. Petrópolis: Vozes, 1997.

LEPARGNEUR, H. *O despertar dos doentes*: autorresponsabilidade e participação na gestão da saúde. Rio de Janeiro: Achiamé/Icaps, 1986.

LOVELOCK, J. *Gaia*: alerta final. Rio de Janeiro: Intrínseca, 2009.

_____. *A vingança de Gaia*. Rio de Janeiro: Intrínseca, 2006.

LÖWY, M. *Ecologia e socialismo*. São Paulo: Cortez, 2005.

_____. *A guerra dos deuses* – Religião e política na América Latina. Petrópolis: Vozes, 2000.

LÖWY, M. & SAYRE, R. *Revolta e melancolia* – O romantismo na contramão da Modernidade. Petrópolis: Vozes, 1995.

MACY, J. & BROWN, M.T. *Nossa vida como Gaia*. São Paulo: Gente, 2004.

MAFFESOLI, M. *Elogio da razão sensível*. Petrópolis: Vozes, 1998.

MAYEROFF, M. *On Caring*. Nova York: Harper Perennial, 1971.

MAMANI, F.H. *Buen vivir/vivir buen* – Filosofía, políticas, estrategias y experiencias regionales andinas. Sopocachi, Bol.: Instituto Internacional de Integración, 2010.

MAZUR, M. & MILES, L. *Conversas com os mestres da sustentabilidade*. São Paulo: Gente, 2010.

MIRANDA, E.E. *O íntimo e o infinito* – O universo das ciências e o cosmos das religiões. Petrópolis: Vozes, 2010.

MONOD, T. *Et si l'aventure humaine devait échouer?* Paris: Grasset, 2000.

MORAES, M.C. *Pensamento ecossistêmico*. Petrópolis: Vozes, 2004.

MORIN, E. *L'identité humaine*. Paris: Seuil, 2001.

MORSE, J.M. et al. "Concepts of Caring and Caring as a Concept". *Advances in Nursing Science*, vol. 13, n. 1, 2000. Nova York.

NODDINGS, N. "Two concept of caring". *Philosophy of Education*. Urbana, Ill.: Philosophy of Education Society, 1990, p. 1-14.

_____. *Caring* – A feminine approach to ethics and moral education. Berkely, CA: University of California Press, 1984.

NODDINGS, N. et al. (orgs.). "Justice, Caring and Universality". *In Defense of Moral Pluralism*. Nova York: Teachers College Press, 1999.

NOVO, M. *Cartas a uma criança que vai nascer*. Porto Alegre: Artmed, 2009.

_____. *El desarrollo sostenible*. Madri: Pearson/Unesco, 2006.

PEGORARO, O. *Ética é justiça*. Petrópolis: Vozes, 1995.

PELIZZOLI, M. *Os caminhos para a saúde*: integracão mente e corpo. Petrópolis: Vozes, 2010.

_____. *A emergência do paradigma ecológico*. Petrópolis: Vozes, 1999.

PEREIRA, T.S. & OLIVEIRA, G. *Cuidado & vulnerabilidade*. São Paulo: Atlas, 2009.

RAWLS, J. *A Theory of Justice*. Oxford: Oxford University Press, 1971.

REES, M. *A hora final*. São Paulo: Companhia das Letras, 2005.

RESTREPO, L.C. *O direito à ternura*. Petrópolis: Vozes, 1998.

ROACH, S.S. *The Human Act of Caring*: blueprint for the health professional. Ottawa: Canadian Hospital, 1993.

ROSSELÓ, F.T. *Antropologia do cuidar*. Petrópolis: Vozes, 2009.

SCHWEITZER, A. *Wie wir überleben können* – Eine Ethik für die Zukunft. Friburgo: Herder, 1994.

_____. *Was sollen wir tun?* Heidelberg: Lambert Schneider, 1986.

SCUDDER, J. "Dependent and Authentic Care – Implications of Heidegger for Nursing Care". In: LEININGER,

M.M. & WATSON, J. *The Caring Imperative in Education*. Nova York: National League for Nursing, 1990, p. 59-66.

SERRES, M. *O contrato natural*. Rio de Janeiro: Nova Fronteira, 1991.

SILVA, C.L. (org.). *Desenvolvimento sustentável*. Petrópolis: Vozes, 2006.

SIQUEIRA, J.C. *Ética socioambiental*. Rio de Janeiro: PUC 2009.

SODRÉ, M. *As estratégias sensíveis*: afeto, mídia e política. Petrópolis: Vozes, 2006.

SOTER. *Sustentabilidade da vida e espiritualidade*. São Paulo: Paulinas, 2008.

SWEDISH, M. *Living Beyond the "End of the World"*. Nova York: Orbis Books, 2008.

SWIMME, B. & BERRY, T. *The Universe Story. From the Primordial Flaring Forth to the Ecozois Era* – A Celebration of the Unfolding of the Cosmos. São Francisco: Harper, 1992.

TOMÁS DE AQUINO. *Summa Theologiae*, I-II e II-II. [s.n.t.].

_____. *In decem libros ethicorum Aristotelis ad Nicomachum expositio*.[s.n.t.].

TOURAINE, A. *Um novo paradigma para comprender o mundo de hoje*. Petrópolis: Vozes, 2006.

TOOLAN, D.S. *At Home in the Cosmos*. Nova York: Orbis Books 2001.

_____. *Cosmologia numa era ecológica*. São Paulo: Loyola, 1998.

TORO, B. *La educación desde la ética del cuidado y compasión*. Bogotá: Javeriana, 2005.

TOYNBEE, A. *Experiências*. Petrópolis: Vozes, 1970.

TRIGUEIRO, A. *Meio ambiente no século 21*. Rio de Janeiro: ABDR, 2005.

WALDOW, V.R. *Cuidar, expressão humanizadora da enfermagem*. Petrópolis: Vozes, 2006.

_____. *O cuidado na saúde* – As relações entre o eu, o outro e o cosmos. Petrópolis: Vozes, 2004.

_____. *Cuidado humano*: o resgate necessário. Porto Alegre: Sagra-Luzatto, 1998.

_____. "Educação para o cuidado". *Revista Gaúcha de Enfermagem*, vol. 4, 1993, p. 5-40. Porto Alegre.

WARD, P. *O fim da evolução*: extinções em massa e a preservação da biodiversidade. Rio de Janeiro: Campus, 1997.

WATSON, J. *The Philosophy and Science of Caring*. Boston: Little Brown, 1985.

WEIL. P. *A consciência cósmica*. Petrópolis: Vozes, 1989.

WEINBERG, S. *Os três primeiros minutos*. Lisboa: Gradiva, 1987.

WHITE, F. *The Overview Effect*. Boston: Hougton Mifflin, 1987.

WILSON, E.O. *O futuro da vida*. Rio de Janeiro: Campus, 2002.

_____. *A criação* – Como salvar a vida na Terra. São Paulo: [s.e.], [s.d.].

WINNICOTT, W.R. *Tudo começa em casa*. São Paulo: Martins Fontes, 1999.

ZOHAR, D. *A inteligência espiritual*. Rio de Janeiro: Record, 2004.

_____. *O ser quântico*. Rio de Janeiro: Record, 1998.

Índice

Sumário, 7

Introdução, 9

1 O cuidado: a construção do conceito, 17

   1.1 A urgência do cuidado, 17

   1.2 A emergência do cuidado em tempos de crise, 22

   1.3 Em busca de um conceito de cuidado, 27

   1.4 Duas expressões do mesmo cuidado, 37

2 O cuidado no processo evolucionário, 40

   2.1 O cuidado como constante cosmológica, 40

   2.2 Razão intelectual e razão cordial, 44

3 Fundamentação filosófico-antropológica do cuidado, 47

   3.1 O cuidado em Martin Heidegger: origem e evolução, 47

   3.2 A fábula do cuidado, 55

   3.3 O cuidado como essência do humano, 57

   3.4 O cuidado como precaução e prevenção, 59

   3.5 A tarefa da vida: cuidar do Ser, 63

4 O paradigma do cuidado: novo modo de habitar a Terra, 66

    4.1 O cuidado: adjetivo ou substantivo?, 66

    4.2 O cuidado como novo paradigma civilizacional, 70

        4.2.1 Os impasses do velho paradigma da conquista, 71

        4.2.2 As vantagens do novo paradigma do cuidado, 77

    4.3 Novas exigências do paradigma do cuidado, 80

        4.3.1 O resgate da razão cordial, 81

        4.3.2 A reciprocidade: refundar o pacto natural, 85

        4.3.3 Os direitos da Mãe Terra: o respeito e a veneração, 87

        4.3.4 A justa medida como exigência do cuidado, 88

        4.3.5 A autocontenção como demanda do cuidado, 90

    4.4 Revisitação da ancestral sabedoria indígena, 92

    4.5 Formas alternativas de produção a partir do cuidado, 97

    4.6 O *bien vivir*: outro modo de habitar a Terra, 103

    4.7 O alimento do cuidado: a ecologia interior, 108

5 Para uma ética do cuidado necessário, 113

    5.1 A ética da justiça e seu substrato masculino, 114

    5.2 A ética do cuidado e seu substrato feminino, 126

    5.3 Justiça e cuidado: uma ética integral, 132

6 Cuidar de si mesmo, dos outros, da Terra, 137

    6.1 O que somos enquanto humanos?, 137

    6.2 Cuidar de si: acolher-se jovialmente, 141

6.3 Cuidar de si: preocupar-se com o modo de ser, 143

6.4 Cuidado como precaução sobre nossos atos e atitudes, 146

6.5 Cuidado com nossa relação maior: a amizade e o amor, 149

6.6 Como cuidar de nossa Casa Comum: o planeta Terra, 153

7 Cuidar do próprio corpo e dos corpos dos outros, 157

   7.1 A unidade complexa corpo/espírito, 157

   7.2 As forças de autoafirmação e de integração, 160

   7.3 Os desafios do cuidado pelo próprio corpo, 164

   7.4 O cuidado pelo corpo dos outros, dos pobres e da Terra, 168

8 Cuidar da própria psique e da psique dos outros, 171

   8.1 A viagem rumo ao próprio Centro, 171

   8.2 Sinto, logo existo, 173

   8.3 A estrutura do desejo do ser humano, 177

      8.3.1 A acolhida da condição humana, 180

      8.3.2 A construção da síntese pessoal, 180

      8.3.3 Cuidado como precaução contra as ciladas da vida, 181

      8.3.4 Cuidado como precaução pela sanidade social, 184

9 Cuidar do próprio espírito e o dos outros, 185

   9.1 O que é o espírito na nova cosmologia, 185

9.2 Características do homem-espírito, 189

    9.2.1 Um ser de transcendência, 189

    9.2.2 A conexão com o Todo, 190

    9.2.3 Um ser de liberdade como autodeterminação, 191

    9.2.4 A capacidade de amar e de perdoar, 193

    9.2.5 A capacidade de compaixão, 194

    9.2.6 O eterno buscador, 194

    9.2.7 Um ser capaz de uma grande síntese, 196

9.3 Cuidar do espírito: viver a espiritualidade, 196

    9.3.1 A espiritualidade para além da religião, 197

    9.3.2 A importância da meditação, 197

    9.3.3 A comunhão com o mistério e com Deus, 199

    9.3.4 O cuidado para com o ambiente social, 200

10 O cuidado na medicina e na enfermagem, 202

    10.1 Superação do antropocentrismo e do sociocentrismo, 202

    10.2 Saúde: equilíbrio de corpo-mente-espírito-natureza, 205

    10.3 Vida saudável e a integração da morte, 207

    10.4 O cuidado do luto e das perdas, 212

    10.5 A importância da espiritualidade para a saúde, 218

    10.6 O lugar do cuidado na medicina e na enfermagem, 223

    10.7 As atitudes de cuidado, 228

    10.8 Quem cuida do cuidador?, 232

11 O cuidado e a educação na era planetária, 238

    11.1 A educação na idade da razão: a crítica, 239

    11.2 A educação na idade da técnica: a criatividade, 242

    11.3 A educação na idade das opressões: a libertação, 245

    11.4 Onde ficou o cuidado?, 252

    11.5 A educação na idade da Terra: o cuidado, 254

        11.5.1 O cuidado: admiração pela beleza e complexidade da Terra, 256

        11.5.2 O cuidado: fruto dos riscos para a Terra e a vida, 259

        11.5.3 O cuidado: um imperativo categórico ético, 261

    11.6 Exigências de uma educação para o cuidado, 261

    11.7 A celebração da vida humana individual, 266

Conclusão – Uma utopia necessária, 269

Referências essenciais, 273

Livros de Leonardo Boff

1 – *O Evangelho do Cristo Cósmico*. Petrópolis: Vozes, 1971 [Esgotado – Reeditado pela Record (Rio de Janeiro), 2008].

2 – *Jesus Cristo libertador*. 21. ed. Petrópolis: Vozes, 2012.

3 – *Die Kirche als Sakrament im Horizont der Welterfahrung*. Paderborn: Verlag Bonifacius-Druckerei, 1972 [Esgotado].

4 – *A nossa ressurreição na morte*. 11. ed. Petrópolis: Vozes, 2012.

5 – *Vida para além da morte*. 26. ed. Petrópolis: Vozes, 2012.

6 – *O destino do homem e do mundo*. 12. ed. Petrópolis: Vozes, 2012.

7 – *Experimentar Deus*. 2. ed. Petrópolis: Vozes, 2012 [Publicado em 1974 pela Vozes com o título *Atualidade da experiência de Deus* e em 2002 pela Verus com o título atual].

8 – *Os sacramentos da vida e a vida dos sacramentos*. 28. ed. Petrópolis: Vozes, 2012.

9 – *A vida religiosa e a Igreja no processo de libertação*. 2. ed. Petrópolis: Vozes/CNBB, 1975 [Esgotado].

10 – *Graça e experiência humana*. 7. ed. Petrópolis: Vozes, 2012.

11 – *Teologia do cativeiro e da libertação*. Lisboa: Multinova, 1976 [Reeditado pela Vozes, 1998 (6. ed.)].

12 – *Natal*: a humanidade e a jovialidade de nosso Deus. 8. ed. Petrópolis: Vozes, 2009.

13 – *Eclesiogênese* – As comunidades reinventam a Igreja. 3. ed. Petrópolis: Vozes, 1977 [Reeditado pela Record (Rio de Janeiro), 2008].

14 – *Paixão de Cristo, paixão do mundo*. 7. ed. Petrópolis: Vozes, 2012.

15 – *A fé na periferia do mundo*. 5. ed. Petrópolis: Vozes, 1991 [Esgotado].

16 – *Via-sacra da justiça*. 4. ed. Petrópolis: Vozes, 1978 [Esgotado].

17 – *O rosto materno de Deus*. 11. ed. Petrópolis: Vozes, 2012.

18 – *O Pai-nosso* – A oração da libertação integral. 13. ed. Petrópolis: Vozes, 2013.

19 – *Da libertação* – O teológico das libertações sócio-históricas. 4. ed. Petrópolis: Vozes, 1976 [Esgotado].

20 – *O caminhar da Igreja com os oprimidos*. Rio de Janeiro: Codecri, 1980 [Esgotado – Reeditado pela Vozes (Petrópolis), 1998 (2. ed.)].

21 – *A Ave-Maria* – O feminino e o Espírito Santo. 9. ed. Petrópolis: Vozes, 2009.

22 – *Libertar para a comunhão e participação*. Rio de Janeiro: CRB, 1980 [Esgotado].

23 – *Igreja*: carisma e poder. Petrópolis: Vozes, 1981 [Reedição ampliada pela Ática (Rio de Janeiro), 1994 e pela Record (Rio de Janeiro), 2005].

24 – *Crise, oportunidade de crescimento*. Petrópolis: Vozes, 2011 [Publicado em 1981 pela Vozes com o título Vida segundo o Espírito e em 2002 pela Verus com o título atual].

25 – *São Francisco de Assis*: ternura e vigor. 13. ed. Petrópolis: Vozes, 2012.

26 – *Via-sacra para quem quer viver.* Petrópolis: Vozes, 2012 [Publicado em 1982 pela Vozes com o título *Via-sacra da ressurreição* e em 2003 pela Verus com o título atual].

27 – *Mestre Eckhart*: a mística do ser e do não ter. Petrópolis: Vozes, 1983 [Reedição sob o título de O livro da Divina Consolação. Petrópolis: Vozes, 2006 (6. ed.)].

28 – *Ética e ecoespiritualidade.* Petrópolis: Vozes, 2011 [Publicado em 1984 pela Vozes com o título *Do lugar do pobre* e em 2003 pela Verus com o título atual e com o título *Novas formas da Igreja*: o futuro de um povo a caminho].

29 – *Teologia à escuta do povo.* Petrópolis: Vozes, 1984 [Esgotado].

30 – *A cruz nossa de cada dia.* Petrópolis: Vozes, 2012 [Publicado em 1984 pela Vozes com o título *Como pregar a cruz hoje numa sociedade de crucificados* e em 2004 pela Verus com o título atual].

31 – *Teologia da Libertação no debate atual.* Petrópolis: Vozes, 1985 [Esgotado].

32 – *Francisco de Assis* – homem do paraíso. 4. ed. Petrópolis: Vozes, 1999.

33 – *A Trindade, a sociedade e a libertação.* 5. ed. Petrópolis: Vozes, 2005.

34 – *E a Igreja se fez povo.* Petrópolis: Vozes, 1986 [Reedição pela Verus (Campinas), 2004, sob o título de *Ética e ecoespiritualidade* (2. ed.), e *Novas formas da Igreja*: o futuro de um povo a caminho (2. ed.)].

35 – *Como fazer Teologia da Libertação?* 10. ed. Petrópolis: Vozes, 2010.

36 – *Die befreiende Botschaft.* Friburgo: Herder, 1987.

37 – *A Santíssima Trindade é a melhor comunidade*. 12. ed. Petrópolis: Vozes, 2011.

38 – *Nova evangelização*: a perspectiva dos pobres. 4. ed. Petrópolis: Vozes, 1991 [Esgotado].

39 – *La misión del teólogo en la Iglesia*. Estella: Verbo Divino, 1991.

40 – *Seleção de textos espirituais*. Petrópolis: Vozes, 1991 [Esgotado].

41 – *Seleção de textos militantes*. Petrópolis: Vozes, 1991 [Esgotado].

42 – *Con la libertad del Evangelio*. Madri: Nueva Utopia, 1991.

43 – *América Latina*: da conquista à nova evangelização. São Paulo: Ática, 1992.

44 – *Ecologia, mundialização e espiritualidade*. 2. ed. São Paulo: Ática, 1993 [Reedição pela Record (Rio de Janeiro), 2008].

45 – *Mística e espiritualidade* (com Frei Betto). 4. ed. Rio de Janeiro: Rocco, 1994 [Reedição revista e ampliada pela Garamond (Rio de Janeiro), 2005 (6. ed.) e reedição pela Vozes (Petrópolis), 2010].

46 – *Nova era*: a emergência da consciência planetária. 2. ed. São Paulo: Ática, 1994 [Reedição pela Sextante (Rio de Janeiro), 2003, sob o título de Civilização planetária: desafios à sociedade e ao cristianismo].

47 – *Je m'explique*. Paris: Desclée de Brouwer, 1994.

48 – *Ecologia* – Grito da terra, grito dos pobres. 3. ed. São Paulo: Ática, 1995 [Reedição pela Sextante (Rio de Janeiro), 2004].

49 – *Princípio Terra* – A volta à Terra como pátria comum. São Paulo: Ática, 1995 [Esgotado].

50 – (org.) *Igreja*: entre norte e sul. São Paulo: Ática, 1995 [Esgotado].

51 – *A Teologia da Libertação*: balanços e perspectivas (com José Ramos Regidor e Clodovis Boff). São Paulo: Ática, 1996 [Esgotado].

52 – *Brasa sob cinzas*. 5. ed. Rio de Janeiro: Record, 1996.

53 – *A águia e a galinha*: uma metáfora da condição humana. 50. ed. Petrópolis: Vozes, 2012.

54 – *Espírito na saúde* (com Jean-Yves Leloup, Pierre Weil, Roberto Crema). 7. ed. Petrópolis: Vozes, 2007 [Coleção Unipaz].

55 – *Os terapeutas do deserto* – De Fílon de Alexandria e Francisco de Assis a Graf Dürckheim (com Jean-Yves Leloup). 16. ed. Petrópolis: Vozes, 2013 [Coleção Unipaz].

56 – *O despertar da águia*: o dia-bólico e o sim-bólico na construção da realidade. 24. ed. Petrópolis: Vozes, 2013.

57 – *Das Prinzip Mitgefühl* – Texte für eine bessere Zukunft. Friburgo: Herder, 1998.

58 – *Saber cuidar* – Ética do humano, compaixão pela terra. 19. ed. Petrópolis: Vozes, 2013.

59 – *Ética da vida*. 3. ed. Brasília: Letraviva, 1999 [Reedição pela Sextante (Rio de Janeiro), 2005, e pela Record (Rio de Janeiro), 2009].

60 – *A oração de São Francisco*: uma mensagem de paz para o mundo atual. 9. ed. Rio de Janeiro: Sextante, 1999 [Reedição pela Vozes (Petrópolis), 2012 (2. ed.)].

61 – *Depois de 500 anos*: que Brasil queremos? 3. ed. Petrópolis: Vozes, 2003 [Esgotado].

62 – *Voz do arco-íris*. 2. ed. Brasília: Letraviva, 2000 [Reedição pela Sextante (Rio de Janeiro), 2004].

63 – *Tempo de transcendência* – O ser humano como um projeto infinito. 4. ed. Rio de Janeiro: Sextante, 2000 [Reedição pela Vozes (Petrópolis), 2009].

64 – *Ethos mundial* – Consenso mínimo entre os humanos. 2. ed. Brasília: Letraviva, 2000 [Reedição pela Sextante (Rio de Janeiro), 2003 (2. ed.)].

65 – *Espiritualidade* – Um caminho de transformação. 3. ed. Rio de Janeiro: Sextante, 2001.

66 – *Princípio de compaixão e cuidado* (em colaboração com Werner Müller). 4. ed. Petrópolis: Vozes, 2009.

67 – *Globalização*: desafios socioeconômicos, éticos e educativos. 3. ed. Petrópolis: Vozes, 2002 [Esgotado].

68 – *O casamento entre o céu e a terra* – Contos dos povos indígenas do Brasil. Rio de Janeiro: Salamandra, 2001.

69 – *Fundamentalismo*: a globalização e o futuro da humanidade. Rio de Janeiro: Sextante, 2002 [Esgotado].

70 – (com Rose Marie Muraro) *Feminino e masculino*: uma nova consciência para o encontro das diferenças. 5. ed. Rio de Janeiro: Sextante, 2002 [Reedição pela Record (Rio de Janeiro), 2010].

71 – *Do iceberg à arca de Noé*: o nascimento de uma ética planetária. 2. ed. Rio de Janeiro: Garamond, 2002 [Reedição pela Mar de Ideias (Rio de Janeiro), 2010].

72 – (com Marco Antônio Miranda) *Terra América*: imagens. Rio de Janeiro: Sextante, 2003 [Esgotado].

73 – *Ética e moral*: a busca dos fundamentos. 8. ed. Petrópolis: Vozes, 2012.

74 – *O Senhor é meu Pastor*: consolo divino para o desamparo humano. 3. ed. Rio de Janeiro: Sextante, 2004 [Reedição pela Vozes (Petrópolis), 2009 (2. ed.)].

75 – *Responder florindo*. Rio de Janeiro: Garamond, 2004 [Reedição pela Mar de Ideias (Rio de Janeiro), 2012].

76 – *São José*: a personificação do Pai. 2. ed. Campinas: Verus, 2005 [Reedição pela Vozes (Petrópolis), 2012].

77 – *Virtudes para um outro mundo possível* – Vol. I: Hospitalidade: direito e dever de todos. Petrópolis: Vozes, 2005.

78 – *Virtudes para um outro mundo possível* – Vol. II: Convivência, respeito e tolerância. Petrópolis: Vozes, 2006.

79 – *Virtudes para um outro mundo possível* – Vol. III: Comer e beber juntos e viver em paz. Petrópolis: Vozes, 2006.

80 – *A força da ternura* – Pensamentos para um mundo igualitário, solidário, pleno e amoroso. 3. ed. Rio de Janeiro: Sextante, 2006.

81 – *Ovo da esperança*: o sentido da Festa da Páscoa. Rio de Janeiro: Mar de Ideias, 2007.

82 – (com Lúcia Ribeiro) *Masculino, feminino*: experiências vividas. Rio de Janeiro: Record, 2007.

83 – *Sol da esperança* – Natal: histórias, poesias e símbolos. Rio de Janeiro: Mar de Ideias, 2007.

84 – *Homem*: satã ou anjo bom. Rio de Janeiro: Record, 2008.

85 – (com José Roberto Scolforo) *Mundo eucalipto*. Rio de Janeiro: Mar de Ideias, 2008.

86 – *Opção Terra*. Rio de Janeiro: Record, 2009.

87 – *Fundamentalismo, terrorismo, religião e paz*. Petrópolis: Vozes, 2009.

88 – *Meditação da luz*. 2. ed. Petrópolis: Vozes, 2010.

89 – *Cuidar da Terra, proteger a vida*. Rio de Janeiro: Record, 2010.

90 – *Cristianismo*: o mínimo do mínimo. Petrópolis: Vozes, 2011.

91 – *El planeta Tierra*: crisis, falsas soluciones, alternativas. Madri: Nueva Utopia, 2011.

92 – (com Marie Hathaway). *O Tao da Libertação* – Explorando a ecologia da transformação. 2. ed. Petrópolis: Vozes, 2012.

93 – *Sustentabilidade*: O que é – O que não é. Petrópolis: Vozes, 2012.

94 – *Jesus Cristo Libertador*: ensaio de cristologia crítica para o nosso tempo. Petrópolis: Vozes, 2012. [Selo Vozes de Bolso].

95 – *O cuidado necessário*: na vida, na saúde, na educação, na ecologia, na ética e na espiritualidade. Petrópolis: Vozes, 2012.